中华爱国人物故事

人物故事

ZHONGHUA AIGUO RENWU GUSHI

中国铁路之父詹天佑

代淑英 编著

吉林人民出版社

图书在版编目(CIP)数据

中国铁路之父詹天佑 / 代淑英编著. -- 长春:吉
林人民出版社, 2011.5
　　(中华爱国人物故事)
　　ISBN 978-7-206-07850-7

　　Ⅰ.①中… Ⅱ.①代… Ⅲ.①詹天佑(1861～1919)
－生平事迹 Ⅳ.①K826.16

中国版本图书馆 CIP 数据核字(2011)第 075703 号

中国铁路之父詹天佑

ZHONGGUO TIELU ZHIFU ZHAN TIANYOU

编　　著:代淑英
责任编辑:孙　一　赵　磊　　封面设计:七　洱
吉林人民出版社出版 发行(长春市人民大街7548号　邮政编码:130022)
印　　刷:鸿鹄(唐山)印务有限公司
开　　本:670mm×950mm　　　1/16
印　　张:8　　　　　　　字　　数:70千字
标准书号:ISBN 978-7-206-07850-7
版　　次:2011年5月第1版　　印　　次:2023年6月第4次印刷
定　　价:35.00元

如发现印装质量问题,影响阅读,请与出版社联系调换。

总　序

胡维革

　　《中华爱国人物故事》是一套故事丛书。它汇集了我国历史上80位古圣先贤、民族英雄、志士仁人、革命领袖、先进模范人物的生动感人史迹，表现了作为中华民族优秀传统的伟大的爱国主义精神。

　　爱国主义是人们对于"生于斯、长于斯、衣食于斯"的祖国的一种神圣感情，是人们对于自己民族的一种强烈的责任感和使命感，是感召和激励整个中华民族的一面永不褪色的旗帜。在漫长的历史上，爱国主义一直激励着中华儿女为祖国的独立、统一、进步和繁荣而英勇奋斗。从伟大的思想家教育家孔子到统一全国的千古一帝秦始皇，从秉笔直书著《史记》的司马

迁到鞠躬尽瘁死而后已的诸葛亮,从伟大的浪漫主义诗人李白到精忠报国的民族英雄岳飞,从七下西洋传播友谊的郑和到抗击倭寇的民族英雄戚继光,从苟利国家生死以的林则徐到为变法流血的第一人谭嗣同,从威震敌胆的抗联将军杨靖宇到人民音乐家聂耳与冼星海,从踏遍青山人未老的李四光到万婴之母林巧稚,从县委书记的好榜样焦裕禄到情系雪域献身高原的孔繁森……都表现出了强烈的爱国主义精神。正是由于热爱祖国的人们前仆后继地奋斗,国家和民族才得以生存,历经一次次历史危急关头而能转危为安,走向兴盛和富强,从而屹立于世界民族之林。爱国主义是鼓舞中华儿女历经忧患、跨越沧桑、百折不挠、自强不息的伟大力量,它贯穿于中华民族的整个历史,并有力地凝聚着五洲四海的中国人。

　　爱国主义是一个历史的范畴,在社会发展的不同阶段、不同时期有着不同的具体内容。革命时期,需要我们为祖国的独立自主出生入死;建设时期,需要我们为祖国的繁荣富强增砖添瓦;在全国各族人民团结一心建设富强、民主、文明、和谐的社会主义现代化国家的今天,我们要争做一名新时期的爱国者。新时期的爱国者要有强烈的民族自尊心和自豪感。民族自尊心和自豪感是任何时期任何爱国者都必须具备的情感。民族自尊心能增强我们自立向上的恒心,民族自豪感能树立我们建设祖国的信心。要树立"祖国高于一切"的崇高信念,为了祖国和人民的利益不惜抛却个人的利益,甚至不惜牺牲个人的生命。要树立终身学习的理念,拓

宽自己的知识面,广泛吸收新知识新技术,完善自身的知识结构,更新学习知识的方法与理念,从思想上、知识上充分武装自己,为祖国的繁荣昌盛贡献力量。

爱国主义思想的继承和发扬,是关系到民族盛衰、国家兴亡的根本问题。一代代人爱国主义思想情操的形成,需要不断地培养。培养爱国主义的一个重要途径是向爱国主义的英雄人物和典范事迹学习。这套丛书的出版,对于人们向英雄和先进人物学习,特别是对于在中小学生中进行爱国主义教育,将可提供一些生动的教材。祝愿此书出版发行成功,为培养"四有"新人做出贡献。

于 2011 年 4 月 23 日

世界读书日

中华爱国人物故事

目 录
CONTENTS

目录。
CONTENTS

　　1909年10月2日，居庸关脚下的南口火车站一派喜气洋洋的节日气氛。站前临时搭起的高大彩棚被装扮得格外漂亮，五颜六色的彩带在微风吹动下飘向空中。彩棚台上台下到处挤满了喜气洋洋的蝴蝶在飞舞。有的人甚至爬到树上，焦急地观望。9点45分，不知谁喊了一声"来了"，话音未落，"呜"，随着一声汽笛长鸣，一列身披红花的火车徐徐驶进南口车站。顿时，锣鼓声、鞭炮声、欢呼声响成一片。车上的人、车下的人都高兴地跳起舞来。究竟发生什么事了？为什么这些人如此兴奋和激动呢？原来，这是京张铁路的通车典礼。京张铁路是自古以来第一条由中国人自己勘测、设计和修筑的重要铁路。多少年来，因为中国缺乏这方面的人才，中国的铁路建设权利一直被帝国主义所把持。现在，没有借助分毫外国力量，中国人自己就成功地建成了这样一条誉满中外的铁路。中国人终于能直起腰了，人们怎能不高兴呢！那么，这位让中国人在世界上扬眉吐气的铁路工程师是谁呢？他就是著名工程师，中国铁路之父——詹天佑。

詹天佑画像

远涉重洋去留学

　　詹天佑的父母原来居住在广州。他的父亲詹兴洪是个小商人，以卖茶叶为生，在广州也还算小有名气。可是，好景不长。1840年，鸦片战争爆发，英国侵略者用大炮轰开了中国的门户。詹家的茶行，和其他小商人一样，全被外国人挤垮了。为了减少家用开支，詹兴洪被迫把家从大都市广州迁到了小城镇南海。1861年4月26日，詹天佑就出生在广东省南海县。

　　孩子出生了，因为是长子，全家人都高兴极了。可是，给孩子起个什么名字呢？詹兴洪想了几个，都觉得不好。他便对妻子说："我想不出来了，还是你给起个吧。"

　　妻子陈氏说："我一个家庭妇女，没上过学堂，能起出什么好名字。我看咱们还是让他爷爷帮着起个名字吧。"

　　詹天佑的爷爷想了又想，说道："这孩子是咱们詹家的希望。咱们的家业将来还靠他继承，一定要起个吉利的名字。我看就叫'天佑'吧。愿上天保佑孩子健康成长，保佑他将来出人头地，振兴家业，为咱们詹家光宗耀祖。"

　　詹兴洪夫妇一听，一致叫好："好啊，好啊！就叫'天佑'。有老天保佑，这孩子一定会有出息的。"全家人一致赞同。

　　由于詹天佑生下来就特别逗人喜爱，詹兴洪夫妇自然视若掌上明珠。当然，此时谁也没有想到，这个圆脸

詹天佑1861年出生于一个普通茶商家庭

大眼睛的男孩长大后会成为享誉中外的铁路建筑大师。而此时此刻的詹天佑同样不会意识到，他出生的是一个正在趋于没落的儒商世家，未来充满着艰难困苦，但极富传奇性的魅力。

据詹家族谱记载，詹家本不是广东人，詹天佑的曾祖詹万榜，字文贤，原是安徽的一个无名中医，后因发财心切，跑到广东，改行经商，靠向外经销茶叶发了家，从此一家定居广州府南海县。后来到了祖父詹世鸾这辈，发财心和出人头地的思想较之乃父有过之而无不及，和詹文贤一样，发家后的詹世鸾也没有完全唯利是图，家乡地方史志记载他为人慷慨，在当地修学馆，兴义学，救助邻里，急公好义受到乡人赞誉。到他逝世时，家中已无多少积蓄。到了詹天佑父亲詹兴

詹天佑（左）与同学潘钟铭合影

詹天佑故居

洪这一辈，情况发生了很大变化。詹兴洪长大后未能在仕途上有寸进，甚至连像乃祖乃父那样捐官和建学宫的荣耀都达不到。破产茶商的生活境遇是可想而知的。

詹兴洪共有两子两女，长女琼仙（1852—1890），次女和仙（1858—1946），幼子天佐（1864—1924）。詹天佑幼年即营养不良，有了弟弟妹妹后就更加困难重重了。所以他长得很瘦弱，个头也不高，但圆圆脸上的大眼睛却显示出过人的聪明和机警，小小年纪就帮大人做事。

转眼的工夫，天佑长到7岁了。一天，他在外面帮妈妈干活，爸爸让妹妹把他叫了回来。天佑进屋就问："爸

爸，什么事呀，我还没干完活呢！"

詹兴洪说："先不用干了，爸爸有话要对你讲。"

天佑以为自己做错了什么事，就说："爸爸，我没淘气呀！"

爸爸笑了，说道："放心，你没淘气。爸爸叫你回

詹天佑故居陈列馆

来，是想让你歇一上午，明天好去私塾读书。"

天佑以为自己听错了，忙说："爸爸，你说什么，你让我去读书？"

"是啊，怎么，你不愿意？"

"愿意，当然愿意！可是，爸爸，咱们家并不富裕呀，我要是去读书，家里岂不是更困难了吗？"

爸爸说："天佑，爸爸知道你懂事。不过，你放心，爸爸会多想办法赚钱来供你的。只有读书，有了学问，将来才能有出息呀。你既然知道家里穷，读书就要多用功才是。"

"爸爸你放心，我一定用功读。"

就这样，7岁的詹天佑上学了，进入南海县一所私塾里读书。他天资聪慧，学习十分勤奋，以思维敏捷、善

詹天佑的父母

于属对而闻名乡里。

有一次，塾师出了副上联考学生："日出东，月出西，天上生成明字"。詹天佑不假思索地回答道："子居右，女居左，世间配定好人。"

还有一次，詹兴洪的好友广东香山商人谭伯村来访，想试一试詹天佑的才能，信口出上联曰："宝塔层层，一二三四五六七。"詹天佑见桌上的算盘，从容对曰："算盘度度，万千百十两钱分。"詹天佑的父亲经商，随时要用算盘，詹天佑耳濡目染，对算盘非常熟悉，灵机一动，就把它信手拈来应对了。

少年詹天佑喜欢读书，善于作对联，从小打下一定的古文功底。他成名后在演讲与写作中，喜欢用排比句、对仗句，为后人留下文采飞扬的名言警句，与他小时候所受的教育有关。

詹天佑自幼养成勤奋好学、坚毅深思的性格。他并不满足那些《四书》《五经》等陈旧教材，鸦片战争以后，广东这个地方就处于英国的侵略势力之下。英国侵略者把鸦片烟、纺织品和其他洋货，源源不断地从香港输入广东，这样，天佑很小就有机会接触到许多外国的工业品和机器，有一次他读了一本谭伯村从香港带回的机械画报，爱不释手，还照着画报上的图样，用泥巴捏各种模型，做机器。他的衣服口袋里总是鼓鼓囊囊的，装着各种搜集来的小齿轮、发条等，一有空就摆弄着玩。小伙伴们称他是"机器迷"。父亲见儿子对机器这么感兴趣，就经常鼓励和支持他，并帮他收集一些齿轮、发条等等。詹天佑家里有一只闹钟。为什么闹钟能滴嗒滴嗒地走个不停？为什么它能按时响铃？追求新奇的小天佑决定要打开这个"秘密"，他趁家里大人不在，悄悄把闹钟零件一个个拆开，认真琢磨零件的性能及其相互关系，然后又一个个地按原样组装起来，终于弄清了闹钟的构

少年时期的詹天佑

造与原理。

一天，詹天佑放学回来后，正要去地里帮妈妈锄草，爸爸就出来叫他："天佑，你快进屋看谁来了。"

詹天佑一听这话，忙往屋里跑，边跑边高兴地说："一定是谭伯伯来了。"

詹天佑所说的谭伯伯，名字叫谭伯村，是詹兴洪的同乡和好友。他的经济情况比詹兴洪优裕，所以在詹家困难的时候，他时常接济他们。谭伯村家里女儿多，所以他特别喜欢天佑。他认为这孩子聪明、坚强，将来一定会有出息的。天佑也特别崇拜谭伯伯。谭伯伯经常往来于香港和南海之间，知道的事情可多了，而且谭伯伯还经常带给詹天佑一些新式画报。这些画报介绍许多西方的文化和生活，詹天佑看了特别感兴趣。

詹天佑跑进屋一看，果然是谭伯村来了。他高兴地跑过去："谭伯伯，您怎么这么久才来呀！我早就盼您来了。这次您又给我带哪些好看的画报了？快给我看看。"

谭伯村被天佑逗笑了："天佑，别总是急着看新画报。这回，我得问问你功课学得怎么样呀？先生教的你都会了吗？"

"早都会了。不过，谭伯伯，先生整天讲《四书》《五经》，我都读腻了。"

"那好，下次来我多给你带几本画报。"

"太好了！谢谢谭伯伯！"

谭伯村又说："不过，条件是私塾先生教的你都要学好了才行。"

詹天佑高兴地点了点头。

1871 年，清政府派进士出身的刑部主事陈兰彬（1816—1895）、从美国留学回来的江苏后补同知容闳为正副委员，负责办理招考 12 岁至 16 岁幼童官费留美事宜。当时社会比较封闭，对出国留学多存疑虑。容闳认为南方风气较开放，亲赴香港招生。

此时的詹天佑读完了私塾。他已经是 11 岁的孩子了。

是让他将来种田呢？还是做学徒去呢？詹兴洪犯难了。他当然希望天佑多读些书或去省城学些技艺，但由于家庭经济情况不好，不能如愿以偿。

年底的一天傍晚，全家人正在商量詹天佑今后的出路问题，谭伯村急匆匆地来了。他进门便说："我给天佑找到一个出路。"

詹兴洪一听，忙问："什么出路？"

谭伯村坐下，喝了口水说道："是去美国留学，是政府要选送幼童官费留洋学习科技。"

詹兴洪说："以前没听说有这回事呀，怎么现在官府要选幼童出国呢？"

是啊，清政府怎么会向美国派出官费留学生呢？

原来，在詹天佑出生前不久的第二次鸦片战争中，中国又一次在英、法两个西方资本主义强国的武力进攻面前惨遭败北，清王朝的统治摇摇欲坠。在这种情况下，清政府中有的官吏感到中国在军事上实在太落后了，难以抵挡西方列强坚船利炮，所以，他们从维护封建统治的目的出发，发起了以购买制造洋枪、洋炮，兴办工厂、矿山以及向国外派遣留学生等等为内容的洋务运动。

向外国派遣留学生是由一位叫容闳的改良主义者最早提出建议的。容闳（公元1828—1912），字莼甫，也是广东人，18岁时随一位美国教师去了美国。在美国，容闳先进入马萨诸塞州梦松镇的孟松学校读书，1850年毕业后升入美国的耶鲁大学学习，四年后毕业，获文学学士学位，成为有史以来在美国第一流大学毕业并获得学位的第一名中国学生。27岁时他回到广东，看到清政府的腐败和落后，他十分忧虑。于是，他向清政府建议派遣留学生，出国去学习先进的技术。洋务运动的领导者从扩充洋务派的实力出发，考虑到确实需要培养一些人才以便掌握和运用从外国买来的机器，因此大力支持。几经权衡，清政府终于同意了派遣出国留学生的计划。

清政府的计划规定：选派聪明的幼童去外国学习，每年30名，连续4年，在外国学习15年后回国。洋务派认为，幼童出国时年龄在12到14岁之间，到外国学习15年，回国时不过30岁上下，年富力强，正好可以报效国家。

1871年春天，清政府决定在上海招收30名幼童出国，但上

中国留学生事业的先驱——容闳

容闳手迹

海的一些达官贵人子弟过惯了养尊处优的生活，家里不舍得让他们出国，穷人家的孩子又大多没读过书，过不了考核这关，所以上海报考的幼童很少，没有招满。这样，政府又派人到香港去挑选聪颖而又中英文都好的学生。

谭伯村在香港听到招考的消息后，马上想到了詹天佑，于是他立即赶回南海，将消息告诉了詹兴洪，并建议詹兴洪夫妇让詹天佑去报考。

詹兴洪一听说要远渡重洋，就有些犹豫："这么小的孩子去那么远的地方读书，怎么行呢？"

谭伯村说："苦是苦点，不过，这可是个好机会，孩子若是真能出国，回国后一定受重用，这可是一辈子的

金饭碗。"

天佑妈妈说："好倒是好，只是天佑还小，从来没离开过家，我担心他去那么远的地方会想家。在那儿，身边没人照顾，让我怎么舍得呢!"

谭伯村说："我看天佑这孩子平时挺能吃苦的。孩子大了，就该让他出去闯荡闯荡，让他守在家里能有什么出息?"

看着天佑父母担心的样子，谭伯村又说："只要你们让天佑出国留学，我就把我的四女儿许配给天佑为妻，这下你们放心了吧。"

詹兴洪夫妇当然很高兴。在谭伯村的一再说服下，他们终于同意了让詹天佑去香港参加考试。

如谭伯村所料，詹天佑在香港以优异的成绩通过了

詹天佑留美期间使用的英文打字机

考试。他被录取了。1872年春，父亲在詹天佑出洋志愿书上具结曰："兹有子天佑，情愿送赴宪局带往花旗国肄业，学习机艺，回来之日，听从中国差遣，不得在外国逗留生理。倘有疾病，生死各安天命。"

在上海学了4个月的英文后，1872年8月11日，詹天佑同第一批留学儿童一起，乘船离开上海前往美国。

经过40天海上航行，他们于9月14日抵达旧金山。7天后，搭乘横贯美国中部的大铁路，他们抵达留学的目的地——康涅狄格州。

考虑到这些幼童少小离家，缺少亲情照顾，抵美后，容闳按照美方建议，把他们三五一组安排到美国东北部康涅狄格河谷的美国人家中，以便他们学习语言，加快融入美国社会和文化。詹天佑与欧阳赓被安置到一位叫作诺索布的先生家里，并就读于康涅狄格州西海文小学。这是一所私立的预备教育性质的学校，诺索布先生时任该校校长。诺索布一家对詹天佑二人关怀备至，留学生活也十分愉快。

这所私立学校的主要任务是训练世界各地来美国留学的儿童，课程也主要是学习英语和了解美国的风俗习惯。此时的美国，南北战争已经结束，来自世界各地的移民带着梦想投入这一新兴国家的建设，同时还经历着第二次科技革命的全新洗礼，电报、电话、留声机、电

灯、内燃机相继发明并投入使用。在科技的带动下，美国经济迅猛发展。詹天佑以及留美幼童们耳濡目染，深受鼓舞，学好本领、报效祖国的信念愈发强烈。

西海文小学的校长夫人玛莎·诺索布也是学校的老师。她非常喜爱孩子。詹天佑刚到这个学校时，年龄在班里最小，学习却最刻苦，而且詹天佑很懂事，生活中遇到困难时他都尽量自己解决，不去麻烦老师。对于詹天佑的聪明好学，独立自强，诺索布夫人看在眼里，爱在心上。詹天佑在美国上学的9年里，她始终把詹天佑当作自己的孩子一样关心、照料。詹天佑也很敬重诺索布夫人，有什么心里话都愿对她讲。

詹天佑拍摄的广州水乡

1874年，詹天佑来美国一年多了，他好像长大了许多。一天，他一个人在学校的操场上闷闷不乐地坐着。诺索布夫人拿着教案走了过来，看到天佑呆呆的样子，她慈祥地问道："天佑，为什么不开心呀？"

詹天佑抬起头，看了她一眼，噘着嘴说道："夫人，我有一些事总也想不通。"

"哦，是什么问题呀？说来让我听听好不好？"

詹天佑犹豫了片刻说道："在美国为什么外国人与美国人都是平等的，在我们中国，外国人却高出中国人一等，可以随意欺压中国老百姓呢？"

诺索布夫人疼爱地看了一眼詹天佑，说道："外国人之所以在中国横行霸道，是因为中国人比他们落后，落后就要挨打。中国在鸦片战争中输给了英国和法国，所

耶鲁大学校园

以只好对他们忍气吞声。"

詹天佑听完了诺索布夫人的话，两只拳头早已攥得紧紧的。

诺索布夫人像是明白詹天佑的意思。她说："天佑，你不要灰心，中国的落后只是暂时的，你现在好好学习，将来回去才可以把你的国家振兴起来呀！"

詹天佑一听，连忙点头："夫人，我会的。我一定要学好知识，将来一定要让中国人在外国人面前挺起腰来！我一定要为所有的中国人争光！"说这些话时，詹天佑的眼里已经浸满了泪花。从此以后，詹天佑更加用功地学习了。他与美国学生一起上课，很快便意识到自己英文底子远远不够，于是像幼时诵读《四书》《五经》那样天天背诵英语单词，主动与当地学生聊天，锻炼会话能力。天下无难事，只怕有心人，詹天佑的英文水平进步很快。1876年，他以优异的成绩考入了纽海文中学。在这所中学学习的两年里成绩一直很突出，最后他以全班第一、全校第二的成绩读完了高中课程。

毕业前夕，詹天佑又去看望诺索布夫人。在美国的这段留学生活期间，他经常去诺索布夫人家做客。

诺索布夫人正在家中锄花园里的草。看见詹天佑来了，她忙停下手里的活，与詹天佑来到客厅里坐下。

"天佑，最近你有好长时间没来了，一定是很忙

吧。"

"是啊，夫人，我们马上要毕业了，事情特别多。"

"毕业后，你打算考哪所大学呀?"

詹天佑说："夫人，我还没想好，您觉得我考哪所大学好呢?"

诺索布夫人不假思索地回答："耶鲁大学，这是世界著名的大学，你的数学成绩那么好，进耶鲁大学读理工科正合适，要是考一般性的学校我觉得太可惜了。我早就认为你该去耶鲁大学。"

"太好了，夫人，我的想法和您相同。那我决定考耶鲁大学。"

詹天佑留学于美国耶鲁大学时获得的数学奖牌

1878年7月，詹天佑如愿地考入了耶鲁大学雪非尔理工学院，入土木工程系，专门学习铁路工程。

詹天佑在耶鲁大学的四年中，刻苦钻研，成绩优秀。特别是数学，在大学一二年级，他两次获得数学课的奖学金。詹天佑在美国留学的这个时期，正是美国的科技迅速发展阶段，使他开阔了眼界。目睹了铁路的巨大运力，预知此物对于来往运输、振兴中国经济必将起到显著的作用，因此攻读土木工程专业，专习铁路工程。詹天佑的天资、勤奋、理解力和接受力在此时完全显露出来，各科成绩都很优秀，受到容闳的大力称赞，也令当地美国师生刮目相看。

詹天佑兴趣广泛，课余时间阅读了大量具有民主进步思想的西方作品。他爱好运动，游泳、滑冰、钓鱼、打球样样参与，尤其喜欢打棒球，并一度成为中国留学生代表队——中华棒球队的队员

1881年，詹天佑完成了大学本科的学习，获得学士学位。他的毕业论文《码头起重机的研究》受到一致好评。

正当詹天佑大学毕业，想继续深造时，清政府下令撤回所有在美国的官费留学生。

清政府原定让幼童在美国留学15年后再回国。那它为什么突然变卦，要提前而且是全部撤回学生呢？

原来，清政府在19世纪60年代，内部分化为两派，就是洋务派和顽固派。洋务派主张学习西方，对外开放；顽固派则坚持闭关锁国，反对向西方学习。留学生出国后，顽固派一直耿耿于怀。

清政府派驻美国的全权大使兼留学生监督就是一个顽固派。他与带学生出国的容闳一直不和，所以他千方百计地破坏容闳及洋务派的留学生计划。这位大使不断给清政府暗地打报告，制造各种谣言，诬蔑学生已经完全西化，失去爱国心，而且还信仰了基督教，说什么如果不立即撤回去，即使他们以后能学成回国，也是不但不会对国家有益，反而对社会有害。清政府对这些人的汇报深信不疑，加上当时留学生在美国也受到排斥，所以政府下令全部撤回留学生。

1881年7月的一天，詹天佑来到诺索布夫人家辞行："夫人，我马上要和同学们一起回国了。"

诺索布夫人深深地叹了口气说："真是太可惜了，你若能再深造两年，一定会更出色的。"

詹天佑安慰她说："夫人，您放心吧，回国后我也不会放松学习的。"

诺索布夫人又说："天佑，你想留在这里吗？"

詹天佑摇了摇头："夫人，国家招我们回去，一定是需要我们，我正好可以报效祖国啊！再说，我都离开家9年

了，实在太想家里的人了，我早就想回去了。"

诺索布夫人看着天佑，爱怜地点了点头。

容闳以及热心培育中国幼童的美国人士多方奔走，力图挽回，均无济于事。1881年9月6日，詹天佑和留学生们乘轮船离开美国，取道日本，经过一个月的航行，于10月6日回到上海。120名留学生中，仅有詹天佑和欧阳赓大学毕业。詹天佑虽然获得毕业文凭，却也丧失了毕业后实习考察的机会。

詹天佑纪念馆

投身祖国建设

1881年，全体留学生回到上海，听候清朝政府派用。留美学生回国后，并未受到欢迎，反被清政府视为异端，备受歧视和冷遇。一到上海，他们便像囚徒一样被禁闭起来，不许外出。这批深受美国自由、民主思想熏陶的年轻人难以忍受，奋起反抗。后来才得以白天外出，夜晚仍然必须准时回去。过了较长时间，他们才被准许回家探视亲人。

詹天佑与双亲断绝通信近十年，获许探亲后，他立即由上海经香港转到广州，回到了广州西部南海县的家。当时父亲詹兴洪正在街旁摆摊卖青菜，见一个青年向他走来，并在问话中说出了自己的名字，非常惊讶，一问才知是分别十年的长子还乡。相逢如初见，惊问来者谁。分别十年，父子已不相识。父亲惊喜交加，热泪盈眶。一家人享受短暂的团圆幸福后，詹天佑又乘船返回上海。

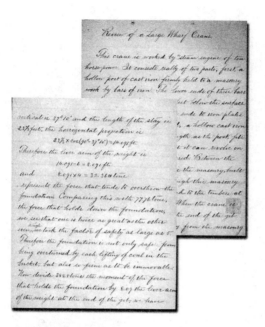

詹天佑手稿

在一些顽固派分子的操纵下，清政府根本不考虑留学生的专业。他们的分配原则是：优等生分派到政府衙门充当翻译，学习做官的本领，以便日后提拔做官；次等生分配到天津、上海的机器局等部门专门学习一门技艺。詹天佑虽然获得了耶鲁大学学士学位，但他寡言少语，不会阿谀逢迎。在那些人看来，不是做官的材料，算不上优等生，所以詹天佑在1881年10月，被分派到福州船政局。到了福州船政局后，他又被分在水师学堂学习驾驶。由于清政府的腐败，留学多年回来的学生大都学非所用，这简直是极端的浪费。

一天，谭伯村因事路过福州，顺便来看望詹天佑。

詹天佑塑像

看到詹天佑若有所失的样子，谭伯村关切地问："天佑，是不是对工作有点不满意啊？"

"是啊，谭伯伯，我在美国学的是陆上的土木工程、铁路建筑，可现在却让我到海上驾船，我真是想不通。"

谭伯村连忙开导他说："天佑，你不要想那么多了，咱们是听人差遣，官府让干什么就干什么好了，整天为这事烦恼，会累坏身子的。"

詹天佑笑了，他说："谭伯伯，您放心吧，我只是有点失望，不过我不会灰心的，我还会认真学习，做好该做的每件事的。"

谭伯村高兴地说："要是能这样，我和你父亲就真的放心了。"

得益于留学期间扎实的科学基础和动手能力，詹天佑仅用一年时间便学完了原需两年半时间习完的轮船驾驶课程，以第一名的成绩毕业。其后被安排到"扬武"兵舰实习，担任驾驶官。

1884年8月，法国海军舰队侵犯福建沿海并袭击马尾炮台及船厂，中国船只好仓促应战，伤亡惨重，福建海军几乎全毁。

詹天佑在这次海战中表现极为英勇。敌人开始袭击时，詹天佑与他的几名同学正在"扬武"舰上，他们马上开炮，还击敌船。后来"扬武"舰中弹起火，詹天佑

仍然继续发炮。直到火势猛烈，管带（舰长）下令迅速离船时，詹天佑才跳下水，并且在水中救起多人。中法海战中詹天佑的英勇事迹受到了中外人士的赞扬。上海英商办的英文报纸《字林西报》报道：西方人士料不到中国人这样勇敢力战。扬武号兵舰上的学生五人中，以詹天佑的表现最为动人。他临大敌而毫不畏惧，并且在生死存亡的紧要关头，还能镇定如常，鼓其余勇，在水中救起多人。

　　1884年10月27日，詹天佑应两广总督张之洞的邀请，从福州回到他久别的故乡——广东。就在他即将离开福州时，福州船政大臣何如璋以"詹天佑教导出力，

詹天佑

实堪嘉尚，赏给五品顶戴"。11月6日到两广总督衙门报道。此时，张之洞任两广总督还不到5个月。为加快培养洋务与军事人才，他上任后就将广州黄埔广东实学馆改为广东博学馆，并筹划将博学馆扩建成为一所新式水陆师学堂，四处聘集人才，调詹天佑回广东任教。1885年1月1日，张之洞对派委詹天佑担任博学馆洋文教习作出批示："派委该学生詹天佑充补实学馆洋文教习。"张之洞是清末洋务派首领，同治进士。1882年任山西巡抚，1884年中法战争时，升调两广总督。1889年调湖广总督。1907年任军机大臣。他创办汉阳铁厂、兵工厂，修建京汉铁路，被誉为中国的"钢铁之父"。1884年5月，慈禧太后派张之洞任两广总督，办理广东防务。张之洞临危受命，赴广东迅速建立军民联防的防御体系。

在中法战争中，福州水师大败，而陆路各军大胜，暴露出中国海防薄弱。张之洞总结这一教训，于1885年10月奏陈朝廷：自海上有事以来，法国恃其船坚炮利横行无忌。我之筹划备御，亦尝开立船厂，创立水师，而造船不坚，制器不备，选将不精，筹费不广。上年法人寻衅，迭次开仗，陆路各军屡获大胜，尚能张我军威，如果水师得力，互相援应，何至处处牵制。当此事定之时，惩前毖后，自以大治水师为主。要"大治水师"，首先要绘制一张精确的广东海图。张之洞接任两广总督之

两广总督张之洞

初，即奉清政府电令，要求各地将沿海各口地形绘制海图。然而屡经督催，至1885年底，仍未能完成，有送上的也过于简略。为此张之洞设立海图馆委派广东营务处组织专门班子，考察各海口，逐一测勘；同时，委派博学馆教习詹天佑，选带测绘专业人员，随同前往。

广东省海岸线绵长，内河外海，暗礁明岛，丛杂林立，要按张之洞的要求绘制"精当详细"的海图，并不是件容易事。好在詹天佑在耶鲁大学土木工程系专门学习过地形测量学、铁路路线勘测学，他运用所掌握的西方先进的勘测与绘图方法，带领海图馆人员深入沿海海岸与岛屿，从1886年2月至1887年8月，历时一年半，终于绘制出我国首幅精细海图——广东海图。

张之洞看了詹天佑所绘制的广东海图，既清晰又准确，而且注说详明，十分高兴。1887年冬，张之洞带上詹天佑等人，乘轮船巡海，亲历广东省绵长海岸，对詹天佑所绘海图与各分图详加核证，随后将该图上报朝廷，分呈军机处及总理衙门。

张之洞一直主张中国应建立北洋、南洋、闽洋、粤洋四支海军，中法战争的经历，更坚定了他的目标。要建立广东水师，首要任务是培养新式军官。经奏准清廷，1887年7月，张之洞仿效李鸿章、左宗棠在天津、福州兴办水师学堂的做法，在博学馆基础上，设立广东水陆师学堂。受到张之洞信任的詹天佑，担任了广东水陆师学堂的教习。期间，詹天佑认真执教，成绩斐然，"官称其能，士服其教"，被尊为导师。

一直到1888年。詹天佑归国后的第7年，在老同学邝孙谋的推荐下，他进入了中国铁路公司工作。说起中国铁路事业的发展及詹天佑投身祖国铁路建设，还有一段曲折的经过。洋务运动兴起以后，洋务派从军事需要出发，主张兴办铁路。顽固派则极力反对，双方互不退让，展开了激烈的大辩论，一直到1885年，为尽快将开采出的煤外运，经朝廷批准，开平矿务局雇用英国工程师金达筑成了由唐山到胥各庄的10公里小铁路。由于铁路通车后为矿务局带来了极大便利，所以直隶总督、洋务派代表人物李鸿章批准将唐胥铁路扩展到芦台，并继续向塘沽、天津方向发展。开平铁路公司也改名为中国铁路公司，并向英国汇丰银行借款一万两，收买唐胥铁

路为公司所有。这个公司实际是被英国侵略势力把持。

当这条铁路向塘沽修筑的时候，清政府的亲德派分子请来了德国工程师鲍尔。鲍尔和金达之间经常发生争执，实际上这是英、德两国争夺对公司控制权的阴谋。金达一心想找人帮他共同对付鲍尔，他看中了一直在开平矿务局管了七年库房的留美学生邝孙谋。

一天，他去对邝孙谋说："我看你还是不要看管库房了，到公司来帮我修铁路吧。"

邝孙谋说："库房我是看够了，不过修铁路我也不在行。你要真需要人，我倒可以推荐一位给你。"

金达一听，忙说："谁呀？他能行吗？"

车前右起第3位为詹天佑

邝孙谋神气地说："准行。我的同学詹天佑，技术顶好了，而且他是专门学的铁路建设专业。"

中国铁路公司总理伍廷芳也是留美学生，对詹天佑的品学非常了解，他十分同意聘请詹天佑到中国铁路公司工作，就这样，詹天佑被任命为帮工工程师，作为外国工程师的助手开始了他为祖国修筑铁路的生涯。

詹天佑进入中国铁路公司以后，他看到了金达和鲍尔之间的矛盾。他没有被金达所利用。终于能用所学的知识来加强祖国的铁路建设，他感到十分高兴。他不愿卷入别人的纠纷中，只想多做些实事，所以来到公司后，他立即去了工地，和工人们一起工作。他仅用了80天就指挥完成了塘沽到天津的铺轨工程。1888年9月5日，唐山到天津的铁路全线通车，李鸿章亲自主持了通车仪式。

詹天佑指挥的铺轨工程质量很好，铁路平稳坚实。李鸿章很高兴，但他却把功劳加在金达头上，赞扬金达设计得法，并升他为总工程师。詹天佑在铁路建设上的第一个成绩完全被抹杀了。

通车仪式结束后，邝孙谋非常气愤地对詹天佑说："这算是什么嘛，明明是你的功劳，为什么要加在洋人头上呢？"

詹天佑笑了笑，说道："没什么，能有机会把我所学的知识付诸实践，我已经很满足了。"

詹天佑故居

邝孙谋生气地说："你呀，就知道苦干，功劳都被窃取了，还满足呢！"

詹天佑拍了拍邝孙谋的肩膀说："广东有位工程师，在地方上做了很多事业，也从来没有人知道他。我才到铁路公司来，应当多做事，又何必争功呢。"

邝孙谋不服气地说："我只是觉得不公平，总督大人分明只迷信洋人，不信任自己人。"

其实，邝孙谋说得不错。李鸿章的确只知道迷信外国工程师，他对中国工程师没有信心，所以詹天佑并没有得到应有的重视，却经常被金达所压制，不让他多插手，但詹天佑却不浪费任何时间。他了解金达的用心，那就是想让中国人永远没有能力自己筑铁路以便任由他们操纵。詹天佑暗下决心，一定要练好技术，要超过外国人。不让他去工地，他就埋头研究工程书籍，并培养国内的年轻人钻研技术。

1890年，清政府决定把唐胥铁路向北延伸到山海关，并由山海关扩展到锦州、沈阳、吉林。金达又被李鸿章任命为总工程师，詹天佑因为在督修前一段工程中认真负责，建桥速度快、质量好，被升为分段工程师和总段工程师。金达仍旧想压制詹天佑，但滦河大桥的修建却让他不得不在詹天佑面前低下头。

那是在1892年，唐胥铁路向外扩展的工程进展到滦河。

滦河铁桥工程是一笔很有油水可捞的生意。金达见到有利可图，便把工程包工给英国人喀克斯。滦河河床泥沙很深，又遇到水涨流急，喀克斯自以为是，钻探马虎，打桩很困难。号称具有世界第一流施工技术的英国人在滦河大桥工程上失败了，不得不请求日本人来帮忙，结果日本人也无能为力。后来又包给德国人。德国工程师凭着主观的想法，采用空气打桩法，结果又失败了。眼看交工的期限要到了，金达急得团团转，不得不授意喀克斯去找詹天佑来试一试。在喀克斯眼里，从来没有瞧得上詹天佑这个工程师。几个一流的外国工程师都失败了，他更别提了。可是，眼下已是山穷水尽了，只好试他一次。于是喀克斯厚着脸皮去请詹天佑。

詹天佑分析了外国工程师已用过的各种打桩办法，仔细地研究了滦河河床的地质土壤情况，经过缜密的测量与调查以后，他决定改变桥址，采用气压沉箱法进行打桩。所谓"气压沉箱法"，就是设置一密不透水的工作室，如同有顶无底的巨箱，倒置沉放于河床上，顶盖装设井筒和气闸，供人员和材料进出。灌压缩空气于箱中，使箱内空气压力与箱外河底水压力相等，至箱内无水，河底露出，工人即可在工作室内开挖清理地基，灌注混凝土，将"石料石灰以气压筑至河底七丈之深达至石基而止"。沉箱靠自身的重量逐渐下沉，达到设计深度后，用混凝土填满工作室，从而建起基础坚实的桥墩。

詹天佑自己也穿着工作服装和工人一起在工地上紧张地工作。他虚心接受工人们的意见。外国工程师却以妒忌和怀疑的眼光注视着工程的进行。这位相信科学、相信群众的科学家，终于顺利地奠定了桥基，16座桥墩在滦河上拔地而起。完成了滦河大铁桥的全部工程。气压沉箱法的采用，在我国铁路建设史上还是第一次。

滦河大桥的胜利完工，显示了詹天佑渊博的学识、高超的才干以及大胆革新和实事求是的科学态度。詹天佑的成就，不仅使那些平时自命不凡的外国工程师感到惊奇和畏惧，同时更使詹天佑和他的助手们坚定了以后担负更艰苦工程的信心。

1894年，英国土木工程研究会选詹天佑为会员。这是中国工程师被选入该会的第一人，詹天佑为祖国争得了荣誉。

詹天佑办公旧址

在这之后，詹天佑又参加了津卢铁路、关外铁路和萍（萍乡）醴（醴陵）铁路的修筑，他出色的工作能力赢得了国内外的一致好评。1901年，詹天佑被派往萍醴铁路，督促修筑事宜。

萍醴铁路由江西萍乡至湖南醴陵，是为解决萍乡安源煤矿煤炭外运而修筑。1898年，清政府督办铁路大臣盛宣怀会同湖广总督张之洞，奏准修筑这条铁路，于1899年开工。主持修筑的外国总工程司李治，设计时采用窄轨铁路。开工后不久，义和团事件爆发，外籍工程司逃往上海，萍醴铁路停工近10个月。詹天佑来到萍醴铁路工地，抓紧督促复工。他查看设计图纸，发现是按窄轨铁路设计的，当即坚持要求按标准轨距1.435米修筑，确保我国铁路统一轨距，以利运输畅通。萍醴铁路

1903年竣工通车，长38公里；后展筑至株洲为株萍铁路，长90公里，萍乡煤运到株洲后再由水路运到汉阳，供汉阳铁厂使用。株萍铁路是湖南省最早的铁路，民国时期成为我国东西干线浙赣铁路的重要组成部分。詹天佑在萍醴铁路坚持采用标准轨距，表现了这位"中国铁路之父"的远见卓识。

1902年10月詹天佑奉调赶赴关外铁路。到山海关后，詹天佑沿线察看，经俄军战火破坏，关外铁路满目荒凉，山海关存放的机车车辆遭受损坏，三年前詹天佑主持修筑的桥梁、线路已破损严重，大凌河大桥亟待修复。詹天佑曾参与组织修筑关外铁路，对这条铁路的线路与设备状况了然于胸。他组织队伍，周密部署，深入沿线，抓住桥梁等重点，积极抢修，仅用一个多月，关外铁路就迅速恢复了通车。袁世凯由此发现了詹天佑的出色才干。

1902年11月，袁世凯召见詹天佑。为什么要召见詹天佑呢？

原来，清皇室有春天祭陵的习俗。清陵分东陵和西陵，东陵在河北省遵化县，西陵在河北省易县。坐火车去祭陵是祖宗前所未有的创举。为了寻刺激，1902年秋天，慈禧太后一时心血来潮，下道圣旨，要在第二年春天乘火车去西陵祭祖。为此，决定拨款60万两，修建一条从高碑店直达西陵的京汉铁路支线——西陵铁路。
1902年10月，清政府把这个任务交给了袁世凯，并限6
个月完工。袁世凯原打算请英国人金达担任总工程师，
但法国驻北京公使提出抗议，要求改派一个法国工程师，
实际上这是英法两国争夺铁路的控制权。由于英法争夺
总工程师这个职位，双方交涉多时却谁也不肯让步。袁
世凯没有办法，只好决定由中国人自办，为此他特地召
见詹天佑，任命他为西陵铁路总工程师。

袁世凯对詹天佑说："我知道你一向工作认真，才学
出众，所以让你挑这副重担。对此你可有信心？"

詹天佑立即回答："完全有信心，天佑在多年的实践

詹天佑雕像

中已锻炼成熟，自信完全有能力担此重任！"

"那好。不过由于英法的争执耗去了时间，现在离祭陵时间只有4个月了，无论如何要按期完成！"

詹天佑点了点头，说道："总督大人请放心，天佑一定想尽办法按期完工。"

被袁世凯召见后，詹天佑兴奋得一夜没睡。他并不是因为被袁世凯召见而激动，而是为自己能担任西陵铁路的总工程师而高兴，这可是第一次由中国人自修的铁路，他下决心一定要出色地建成这条铁路。

第二天开始，詹天佑就率领工人测量选线，备料开工。当时正是隆冬，河水已经冻结，施工极为困难，尤其是材料少，运输又难。詹天佑周密计划，全力以赴。在那4个月里，他每天工作15小时，废寝忘食，冒着严寒，深入实际，想方设法加快进度，降低成本。

西陵铁路若用新轨，不仅价格贵，而且从国外进口时间长。詹天佑从关内外铁路借用旧钢轨，就近运输，省钱省时。

西陵铁路为皇室谒陵专线，所行专车载重量小。詹天佑因地制宜，全线大小桥梁37座，采用临时便桥，先通后固；枕木不够，詹天佑指挥工人把枕木适当铺稀些，这样既不影响线路稳定，又节约开支，加快铺设速度。

国外施工，须待一年之后路基泥土由松变实方可铺

詹天佑雕像

轨。詹天佑打破这一常规，指挥工人边堆土边夯压，路基一成随即铺轨。

1903年3月西陵铁路建成。袁世凯亲临验收。他向朝廷奏道："臣查此项工程，前奉谕旨本限6个月报竣，今仅4月，即已完工，所需款项，不过60万两。"这项工程实际花销59.9058万两，比卢汉铁路公司勘估节省1/

3。

1903年4月5日，慈禧偕光绪从北京永定门车站登上火车。这一皇家"龙凤专列"由17节车厢组成，由美国工厂1897年制造的"卢探路202"机车牵引，火车头前插着两面杏黄色的大清国龙旗，车辆外表漆成黄色，装饰一新。车厢内铺有地毯，仿照皇宫布置得富丽堂皇。

祭陵专列从永定门车站缓缓启动，沿京汉铁路南下，至高碑店站，转入西陵铁路。27岁的火车司机张美不慌不忙，沉着熟练地操纵机车，专列行走平稳，没让慈禧感到一点儿颠簸。慈禧惊异地发现，她包厢里的各种装饰和摆设，没有一件掉落，连桌上的茶水也没洒溢。专列从北京出发，经高碑店到梁各庄120多公里，一路绿灯，只用了两个多小时就安全抵达梁各庄。

慈禧乘火车谒西陵，感到乘火车既快捷又平稳，比坐马车或轿子舒服得多，非常满意。慈禧回京下车时，将她乘坐车厢中的全部陈设品奖给詹天佑。可是詹天佑认为功劳应归于全体筑路人员。詹天佑小时候就喜欢拆卸和组装钟表，他只取了车上一个小座钟作为纪念品，其余物品全部分给了司机张美和筑路人员。

1903年4月13日，清政府奉旨下令奖赏詹天佑等新易铁路出力人员："候选同知詹天佑曾在外洋学习工程专门多年，为中国工程中杰出人才，此次承修路工，正值

隆冬天气，措手綦难，该员不避艰辛，督率各匠役勤奋趋事，得以迅速竣工，而用费亦极节省，实属异常出力。"詹天佑原为候选同知，特提升为选用知府。

西陵铁路揭开了中国工程师自己修铁路的序幕。它的竣工鼓舞了中国人民用自己的人力、财力建设铁路的勇气和信心。詹天佑也在中国广大的工程人员中树立了极高的威信，为他修筑京张铁路铺平了道路。

慈禧太后赐给詹天佑的法国进贡珐琅彩皮套钟

誉满中外建京张

在北京西北，居庸关外，有一个来往人马、车辆很多的城镇，这就是清代著名的军事重镇张家口，它是通往内蒙古的孔道。从北京到张家口是南北商旅交易的要道，贸易数额很大。但是，这条路沿途崇山峻岭，十分艰险。为了加强同蒙古王公的联系，便于南北贸易，这里的交通急需改善。由于有利可图，引来列强的垂涎。1901年，俄国华俄银行璞科第就向外务部提出修筑要求，外务部以"该处地方如果将来商务兴旺应由中国自行筹款办理，碍难准如所请"回绝了俄国。但俄国并不死心，曾暗地里组织人员"将地势勘定，摹绘成图"。

英国也以京张铁路是关内外铁路的延展为由，要求由英国出钱出人建筑。1903年4月，袁世凯与英使达成协议，新修铁路"均应由中国北方铁路督办大臣承修"，而且还明确两点，一是完全不用外国资本，二是建成后的铁路进项不得作为外国抵押借据，从而杜绝了列强对京张铁路的觊觎。

1903年7月，商人李明和提出要集资入股修筑京张铁路，还有几名商人也通过官员具奏代请。经商务部审核，认定其款源不实，"语多闪烁"，逐一驳回。清廷担心的是列强通过华商插手此路。

直隶总督袁世凯深知京张铁路的重要价值，对筑造京张铁路颇为积极。他身兼督办关内外铁路大臣职务，揣摩出慈禧太后的意思是要由清廷自己修筑，可朝廷这些年正为筹集赔款而拆东墙补西墙，拿不出大笔资金来修筑。于是1904年袁世凯上奏清廷称，修京张铁路资金

举荐詹天佑的袁世凯

不成问题，可从关内外铁路的盈利中拨调，近两年该路年盈利就达500多万两银子。按英国总工程司金达提供的估算，修京张铁路有500万两银子就够了。清廷一听资金有着落，同意了袁世凯的奏折。

袁世凯本想用时任

关内外铁路总工程司金达负责修京张铁路，不料俄方听到这消息后坚决反对，要求总工程司应由俄国派任。原来英、俄两国曾于1899年4月背着清政府秘密达成过协议：英国不妨碍俄国在长城以北地区修筑铁路权，俄国不妨碍英国在长江流域谋求修筑铁路权。两国都要插手修建京张铁路，僵持了一年多，最后商议双方都不派，由中国自行修建。

袁世凯对英、俄两国都惹不起，于是决定，京张铁路不再雇请外国工程司，由中国人自己负责修建。

到底派谁来主持修建呢？袁世凯的心腹、关内外铁路总办梁如浩，向袁世凯推荐了詹天佑。梁如浩诚恳地

向袁世凯推荐说:"詹天佑学问渊博,铁路工程是他在耶鲁大学所攻读的专业,回国后已在关内外、新易等铁路工程中干了17年,经验丰富。京张铁路是通往蒙古的重要通道,万不可让列强染指,国人中能担负京张铁路重任的非他莫属,在下愿以身担保。"

由于袁世凯在督办接受关外铁路中,对詹天佑快速修复关外铁路的才能十分欣赏,特别是詹天佑在4个月里赶修成新易铁路,使慈禧能如期赴西陵祭祖,为袁世凯脸上增光。对此,袁世凯最近已荐举詹天佑由选用知府升职为选用道员。但他担心京张铁路沿线地形复杂,不同于区区42.5公里的新易铁路,詹天佑能担此重任吗?听了梁如浩的举荐后,袁世凯决定起用詹天佑。

京张铁路是中国第一条自己修筑的重要铁路,各国

京张铁路欧节机车

工程界都密切注视着主持这条铁路的人选和动工时间。

1905年5月，清政府设立京张铁路局，派陈昭常为总办，詹天佑为会办兼总工程师。不久陈昭常调任他职，詹天佑任总办兼总工程师。同时，在北京设立工程局，詹天佑负责。

在清政府正式任命前，5月4日，袁世凯命詹天佑勘测京张铁路。5月10日，詹天佑率领山海关铁路学堂毕业生张鸿诰、徐文洞等人，赶着毛驴，迎着塞外风沙，从北京丰台起程，开始了为期一个多月的线路勘测。他和工程人员一起，背着标杆、经纬仪等测量仪器，攀悬崖，登峭壁，白天忙于踏勘线路，定点、测距，晚上在油灯下绘图计算。

　　詹天佑从丰台起，重新勘测原选定的通往万寿山方向的线路，过彰仪门（今广安门）、西直门，在西直门外双旗杆关帝庙处，离开原测的万寿山路线，向北往张家口方向测量，到达沙河镇。

　　1905年5月16日詹天佑到达南口镇，选定南口站场位置。从丰台南口地势比较平坦，104里路程，只用一个星期就测完了。

　　从北京南口往北，经过居庸关、青龙桥到八达岭，这段线路长度虽仅约18公里，可地势险峻，坡度极陡。詹天佑一行5月17日进入关沟段勘测，当天前进了7里，最艰难的一天只测量了4.5里。为了寻找一条合理的线路，詹天佑带领工程人员跋山涉水，往返数次，先后勘测了三条线路，把所得的地貌、地质等第一手资料反复比较研究，最后决定采用南口关沟这条现行线路。该路线不仅比英籍工程师金达所测定的距离大为缩短，而且隧道工程也减少了2 000多米。

　　詹天佑的老同学邝孙谋应聘也来助詹天佑一臂之力。他一见到詹天佑就高兴地嚷了起来："太好了！天佑，这下子咱们再也不用受外国人的窝囊气了！你就领着我们大干一场吧！"

　　詹天佑微笑着说："是啊，我也早盼着有这一天了。不过，光靠我一个人的力量是不行的，全体工作人员一

定要齐心协力。"

没等詹天佑说完，邝孙谋就说："你放心吧，没有外国佬捣乱，我们大伙全听你的。"

金达和喀克斯听说是詹天佑主持这段铁路便心生妒意，不过表面上还装出一副不以为然的样子。

可恨的是外国人诋毁中国人也就罢了，一些政府里充满着失败情绪、毫无民族自尊感的腐败官僚也风言风语的。

有的人说："詹天佑真是不自量力，也不看看自己有没有修铁路的能耐！"

京张铁路工程局（现阜成门门外）

有的人干脆骂他："詹天佑简直是胆大妄为，异想天开！"

也有的人说："朝廷真是太天真了，放着现成的洋工程师不用，偏用这个无名小卒，到头来还不是白花几个钱罢了。"

邝孙谋听到这些闲言碎语，肺都要气炸了："大清朝可悲就可悲在中国人自己瞧不起自己，反倒长别人志气，真是不可救药！"

詹天佑却很平静，他说："犯不着同这些人生气。我们只要成功地修成这条铁路，事实面前，他们就会哑口无言。"

邝孙谋说："我可真佩服你了，就这么能沉住气。"

詹天佑一向是以宽容的态度对待生活中的人或事。但在工作中，他却是一丝不苟，精益求精。在京张铁路的路线勘测中，他率领学生和技术人员反复测量，力求做到完美无缺。

一次，当测量八达岭一带时，他问一个技术人员这一段的高度。那位技术人员看了一下仪器说："大概是600米左右。"

詹天佑一听就生气地说："技术第一要求精密，不能有一点含糊和轻率。'大概''差不多'这一类的说法，不应该出之于工程人员之口。重新测量。"

　　那位技术人员测量之后，詹天佑又带着仪器再去复勘一次。那人见了，很不高兴地说："你既然不放心，自己还要测量，又何必叫我们测量呢？"

　　詹天佑听了既严肃又和蔼地对他说："并不是我不信任你们，科学的工作，多一个人检查，总是好的。诸位的责任太重大了！"

　　看着年轻人不理解的目光，詹天佑语重心长地说："我们的工作不论成功或失败，绝不是我们自己的成功或失败，而是我们的国家！现在全世界的眼睛都在望着我们，他们希望我们失败，可我们必须成功！"

　　这个技术人员被詹天佑这种负责的精神所深深感动。

总工程师詹天佑主持钉道，打下第一颗道钉。

在以后的测量工作中，他主动的一次又一次地复勘校正
错误。

经过反复测量，结合清政府的财政状况，詹天佑选
定的京张线是由丰台到南口，经过崇山峻岭到康庄再到
张家口。

詹天佑将勘测情况向清政府提出报告，报告内容十
分详细，不仅包括工程方面的有关情况和施工办法，而
且提出了兴筑这一条路的经济价值。按詹天佑所选的线
路，京张铁路全路里程360里。如经费有保证，4年多时
间即可完工。詹天佑建议分三大段兴工。第一段从丰台
到南口，长104里。第二段由南口经关沟到岔道城，长
33里。第三段由岔道，城经怀来、宣化到达张家口，长
223里。

京张铁路经政府批准后，1905年10月2日正式开工。
1906年1月6日，京张铁路开始从丰台铺轨。詹天佑在群
众的欢呼声中在路轨上钉下了第一根道钉。铺轨工程很
困难，在当时既没有机车，也没有车辆运输钢轨，詹天
佑就利用小平车和人力来克服困难，同月14日，京张铁
路工程局从关内外铁路租用3辆平车和2辆石砟车供后续
铺轨用，并从丰台站借来53号调车机，直至工程局在唐
山检修的72号机车到来。

京张铁路修筑时没有现代化交通工具，材料设备靠

骡马驮送。詹天佑以革新精神，一方面因地制宜地采用了新的技术措施，引进国外新的技术设备；一方面制订了一系列先进的管理办法与制度。他高瞻远瞩，建立起丰台材料厂与南口材料总厂，以确保修筑铁路的材料物资供应；他建立起京张铁路南口机器总厂（为今日北京南口机车车辆机械厂之前身），亲自兼任总厂总管，负责全线机车车辆修理；他严格掌握资金使用，与外商直接洽谈定购材料设备，鉴定质量规格，节约支出。

在丰台站铺轨的第一天，京张铁路工程队的工程列车中有一节车钩链子折断，造成脱轨事故，费了很大力气才恢复原状。事后不久，詹天佑正在指挥铺轨，邝孙谋过来气呼呼地对他说："天佑，你听没听到外边人的闲言碎语？他们胡说什么你在钉道的头一天就翻了车，说什么这条铁路不用外国工程师就是靠不住，简直是气死

京张铁路起点——丰台柳村

人了!"

詹天佑笑着说:"孙谋,你就是沉不住气,让他们去说好了。"

"可他们分明是造谣嘛!"

"既然是谣言就会不攻自破的。"过了一会,詹天佑又说:"孙谋,这次事故的发生倒提醒了我,不仅要有坚固的路基和标准的轨距,而且列车的车厢之间的联结也要牢固,这样在上坡或下坡时才会安全。"

邝孙谋听了,问道:"那你打算用什么办法来加固呢?"

"我想采用新的方法试试。"

盛传为詹天佑所创造的"詹氏"车钩

邝孙谋赞同地点了点头："真没想到流言蜚语倒帮了你的忙。"

詹天佑笑着说道："其实谣言并不可怕，怕的是有了缺点却不肯改正。"

后来，詹天佑终于研究发明了自动挂钩，使十几节车厢牢固地结合成一个整体。这种挂钩现在通用于全世界，被称为"詹天佑钩"。

京张铁路开工后，詹天佑和他的同伴们费尽了心血，但他们的工作却常常受到各方面因素的阻挡。

当京张铁路开始在清河镇的广宅坟院铺轨时，一大早，还没等动工，就有工人来向詹天佑报告："工程师，不好了，今天不能开工了。"

詹天佑忙问："为什么？"

"前面有人卧轨阻挡。"

"是什么人竟如此大胆？"

来人回答说："是前任锦州道员广宅雇来的人。"

詹天佑到前边一看，果然有人卧轨要赖，不让工人动工。于是，詹天佑亲自去见广宅。

原来，广宅是恭亲王的亲戚，势力很大，他不想让铁路从坟边通过，所以仗势阻挠。

詹天佑见到广宅后诚恳地说："大人，京张铁路已铺至此地，还望大人多多支持。"

詹天佑的水平仪

广宅横行霸道地说："这是我家坟地，不许破坏，要不然惊动祖先怎么得了。"

詹天佑说："大人，修建铁路是利国利民的好事，想必先人在九泉之下也会赞同。再说，政府会给您赔偿的。"

广宅干脆耍起赖来："反正我是不允许从这过，你们赶快改道吧。"

詹天佑看广宅如此不通情理，非常气愤：

"此处改道只能修大桥，浪费人力、财力，线路绝对不能改，难道您就不能舍弃一点自己的利益来成全国家吗？"

尽管詹天佑晓之以理，但广宅就是不让通过。后来恭亲王出洋考察时遇到刺客，吓得不问外事，广宅也失去了后台，才软下来，答应铁路可以从墓墙外修过去。

　　路轨铺完后，广宅又提出要求，让工程局为他立碑纪念。

　　詹天佑断然拒绝说："对这种无耻之徒，最好的答复就是不予理睬！"

　　正当詹天佑忙于第一段工程之际，1906年6月发生了清廷要调离詹天佑的事件。当时，两广总督岑春煊筹办粤汉铁路，以此路接京汉铁路为中国干路且工程浩大为由，请旨派詹天佑回粤办路。糊涂的光绪皇帝大概忘了一年前曾任命詹天佑为京张铁路会办兼总工程司，又批准詹天佑回广东就任。

　　詹天佑若调离，刚开工八个月的京张铁路谁来接替？袁世凯又急又愁，忙上奏折《道员詹天佑请仍留京张路工片》致清廷：

　　"查道员詹天佑，现充京张铁路总工程司兼会办局务，全路各事，皆该员一手经理。现该路甫经开办，工程浩繁，势难半途中止，必须先遴有接办之人，方可令该员赴粤。"

　　"臣维粤路固属重要，而京张一路，因有俄英两国成议在先，不能聘用洋员，又与粤路情形不同。经臣苦心规划，始得筹款自造，专用华员经理。詹天佑综理全工，乃该路必不可少之员，若遽令赴粤，一时无人接办，则该路即将中辍，与北方大局关系匪轻。惟有吁恳天恩，

俯念京张路工，较粤路尤为吃紧，准将詹天佑仍留办京张铁路。俟全路工竣，再行赴粤，庶于大局不致牵碍。"

袁世凯的奏折，强调了京张铁路的重要性与特殊性，使清廷不得不收回成议，"将詹天佑仍留京张铁路，俟全路工竣再行起粤"。经袁世凯协调，后来改由邝孙谋返粤任粤汉铁路总工程司，詹天佑得以继续留任京张铁路，避免半途而废。

1906年9月30日，京张铁路第一段工程竣工通车，修筑时间不到一年。接着，工程进入了艰苦的第二段。

南口到岔道城是京张铁路的第二段，这是京张铁路中最艰巨的一段。这一带到处都是高山深谷，要想筑路就得开山填壑。但最艰巨的还是要在山势险峻的关沟开凿四个隧道：即居庸关、五桂头、石佛寺、八达岭四个隧道。其中以居庸关和八达岭两个隧道最为艰难。

一些外国工程师听说京张铁路要经过关沟一带，就都幸灾乐祸。英国工程师喀克斯说："中国人简直是疯了，关沟一带如此险峻，只有外国工程师才有能力开凿。中国能在这儿修铁路的工程师还没诞生呢！"

京张铁路工程人员听后无不义愤填膺。

詹天佑对此淡然一笑："喀克斯和外国人这回可能要失望的。因为我已等不到他们规定的时间而提前出世了！"

詹天佑在蔑视对手的同时并没有掉以轻心。他知道关沟一带是全路成败的关键。因此，开工以后，詹天佑立即将总工程师办事处移到南口，专心主持工程。他下定决心，不打通隧道就不回北京。

居庸关山势陡险，詹天佑起初打算直线穿关而去，但这样就必须拆毁许多关内的民房。詹天佑想，这些山地居民大都世代居住在这里，以狩猎为生，并不富裕。若迫使他们搬到其他地方，他们很可能会因此而倾家荡产。于是他对工友们说："我们不能因为图省事就不顾百姓的死活，只有体恤百姓，群众才会支持我们，我们才能顺利完成任务，所以我决定不走直线，而是修建一座拱桥，横跨涧谷，绕远20几米开凿此隧道。"

工友们听了都赞叹地说："詹总工程师真是个体察民心的好人！"

詹天佑又说："对于无理阻挠我们修建铁路的贪官污吏，我们是不能让步的。但我们绝不能伤害无辜群众。"

山地居民知道这件事后，都被感动得流下泪来。他们找到詹天佑，激动地说："詹总工程师，我们真不知如何感激您。有什么需要的地方，尽管说，我们就是真的倾家荡产也心甘情愿呀！"

詹天佑笑着说："会的。有难题时我会向各位请教的。"

当开凿居庸关隧道时，詹天佑果断地采取了从隧道两头同时施工的办法。在两端各配60名工人，同时向中点凿进，凿工两人一排，轮流用钢钻在岩石上打出二公尺深的炮眼，埋下炸药，炸天岩石。詹天佑是中国第一个采用矿山炸药的人，用这种办法省了很多力。

居庸关隧道长368米，开挖中遇到洞顶坍石，地下涌水，工程更为艰巨。赶上雨季，洞内泥水浇下，土石坍落，地下水外涌，工人们泡在泥水中施工，十分困难。当时没有抽水机，47岁的詹天佑带头往洞外挑水。后来他和工人们研究，采用了土排水管的排水方法，减少了洞中泥水。为制服塌方，他指挥工人在开挖后立即用木头支护顶部，以小钢轨穿错其间，战胜了土石坍落。詹天佑身先士卒，艰苦奋斗，哪有问题上哪去，与工人同呼吸共命运，受到筑路工人的拥护爱戴。

居庸关隧道工程开工以后，英国及其他帝国主义国家的工程人员，常常三五人一行，以打猎为名，去偷看工程进展。对于中国人自己修建铁路，他们一直都不甘心。他们天天都在盼望着詹天佑失败的消息，为的是想要夺取对京张铁路的开凿权和控制权。但詹天佑及京张路的全体员工以实际行动粉碎了外国破坏分子的幻想。

1908年5月13日，居庸关隧道终于打通。

在居庸关隧道开工不久，八达岭隧道工程也接着开工。八达岭是居庸关的北口，与南口相对，素有"天险"之称。所以八达岭隧道工程更为困难。在进行了观察与试凿后，詹天佑对邝孙谋说：

"看来，再用居庸关那种两头开凿的办法恐怕是行不通的。"

邝孙谋一听赶忙问道："为什么不能用，居庸关隧道不是很成功吗？"

詹天佑指着八达岭说："这个隧道洞身太长，仅从两端对凿，不仅不容易准确掌握，而且每天只能凿进二尺多，太耽误时间了。"

"那你打算怎么办？"邝孙谋十分着急地问道。

"我想在隧道的中部，从山顶上垂直向下凿两个井。工人在井底可以依中线向相反方向开凿。两口井再加上外边两头，就是同时有六处施工。原来的两个工作面就

八达岭山洞

变成了六个工作面，工程进度也会大大加快。"

邝孙谋非常高兴："那你是想在井口架设辘轳，载运工人下井作业？"

"对，看样子咱们两个想到一块去了！"

于是，八达岭隧道就按照这种直井凿开法正式施工了。

六处施工，在当时施工机械十分简单和落后的情况下，是很困难的。

隧道越挖越深，詹天佑发现井内煤气很重，影响工人的操作和安全。怎么办呢？詹天佑根据夏天扇扇子的道理，设计、制作了"扇风机"，把它架设在竖井口上，通过铁管不断向井内输进新鲜空气。詹天佑还考虑到通车后隧道检修工人们的安全问题，在隧道每隔300米处修一个"避险洞"。

詹天佑率领工程技术人员在青龙桥一带反复选测比较线路，以减少隧道长度。经多次研究，他匠心独运，借鉴美国早期修铁路经验，决定将线路引进青龙桥东沟设站，并在此折返通过八达岭，把铁路铺成"人"字形（也称"之"字形）折返线，用两个火车头将列车前拉后推，把线路坡度提高到33‰，从而提高了线路与隧道的高度，使八达岭隧道长度缩短近一半，从最初设计1 800米缩短到1 091米。这样，形成用"人"字形线路越过八达岭。为确保行车安全，詹天佑周密考虑，设置于12处"保险道岔"，防止机车制动失灵而造成溜车事故。经过詹天佑和广大员工的艰苦努力，1908年5月22日晚上10点半钟，八达岭隧道全部打通了。

"人"字形路线总不如螺形环山路线优越，当时采用"人"字形线路是万不得已的，是在当时修路费用以及工期等条件限制下所采用的理想方案。这充分反映詹天佑为缩短工期，坚持从实际出发，勇于创新的精神。采用"人"字形线路，虽然使八达岭隧道长度缩短了近一半，但开凿1 091米长的隧道，在国内没有掘进机械、全靠手工开挖的条件下，依然十分艰难。当时国内修成的铁路隧道，最长的也只有300多米。

在隧道开挖前，有位叫雨宫敬次郎的日本承包商曾于1906年4月上书袁世凯，说中国若靠人工挖隧道很难完成，建议由日本包工，聘请日本钻工，用机器开挖，必能筑成隧道。金达也劝袁世凯雇用外国工程师。詹天佑一直担心袁世凯与清廷的决策者们会在洋人的蛊惑下改变主意，如果走回头路，个人名誉受损事小，"贻笑于邻国"事大。况且，不用外国人是袁世凯自己向清廷奏准的，他也不愿言而无信。

詹天佑大大地松了一口气。

居庸关和八达岭隧道打开以后，詹天佑邀请外国工程界人士，包括金达和喀克斯在内，到工地参观。金达等人看到隧道开得迅速而又无可挑剔，想起以前他们的恶言恶语，这些自以为是的洋人脸上红一阵白一阵的。

继八达岭和居庸关隧道之后，关沟段的石佛寺、五桂头两个隧道也胜利完工了，京张铁路的第三段工程也同时开工。

第三段工程因地势平坦，工程相对容易些，但詹天佑和工人们却并没有马虎大意，而是精益求精。

怀来河大桥位于康庄与鸡鸣驿间，桥长213.36米，为京张铁路最长桥。由于河底地基较为松软，施工时先以1吨重锤吊高5米自由落下将木桩打入土内，然后在木桩基础上以混凝土筑成大桥墩台。钢梁为山海关桥梁厂制造，大桥以7座30米长衔接式钢梁连接，筑路员工用

骡马大车将钢梁运至工地，就地铆接组装，以人力纵拉架设。大桥于1907年冬开工，1908年5月竣工，桥梁架设赶在铺轨前完成。

鸡鸣山至响水堡间线路，是全线仅次于关沟段的又一难点工程。它循着崎岖的崖壁，沿羊河险岸而行，过蛇腰弯、老龙背，抵达响水堡。此段左傍陡峻岩石山坡，右临羊河，筑路员工沿河边石壁半挖半填，将开凿下来的石块垫高河床，筑成路基。为防止洪水暴发冲塌路基，工人们以混凝土预制砖块筑起高大的路基护坡，时称"险工"。

京张铁路全线有铁桥121座，石桥40座。为减少向国外购买钢梁架桥的费用，詹天佑根据山区筑路的特点，就地取材，设计了许多具有民族特色、宏伟美观的石拱桥，节省了钢材，大大降低了工程造价。关沟段20座桥梁中，有13座为混凝土拱桥，耐用至今。修筑桥梁墩台时，为节省水泥，詹天佑还采取了混凝土掺加片石的措施。

1909年5月17日，京张铁路顺利铺轨到张家口。这条原来计划需要六年时间才能修完的铁路，在詹天佑和工人们的努力下，只花了四年时间就提前完工了，而且只花了722万两多银子，剩余28万多两银子，完全实现了詹天佑的"花钱少，质量好，完工早"的决心。

　　清政府在验收后，对这条铁路的状况十分满意，并给予詹天佑以奖励，授予他工科进士。

　　1909年10月2日，在南口举行了盛大的京张通路通车典礼，到会的中外来宾达一万多人。会上，中外来宾都对詹天佑表示异常钦佩。他们都要求詹天佑给大家讲讲体会。詹天佑一向不善言辞，一再推辞不下，只好上台讲了几句。他说："这条铁路，在开始修筑的时候，大家都觉得没有把握，可是今天终于通车了。这是京张铁路一万多员工的力量，不是我个人的功劳，光荣是应该属于大家的。"

京张铁路南口通车典礼

看到詹天佑这样谦虚，这样高地评价工人和技术人员的贡献，而不炫耀自己的功劳，全场响起了雷鸣般的掌声。

散会以后，詹天佑遇见了一位多年不见的老朋友。詹天佑对他说：

"我今年四十九岁了，你知道我生平最难的一件事是什么？"

"开八达岭隧道吗？"

"不是的。"

"造滦河大铁桥吗？"

"也不是的。"

"我不相信还有比这两件事更困难的了。"

"今天在会场里的演说，在我，真比造桥和开凿八达岭山洞还要困难万倍。"詹天佑笑着回答说。

"真的吗？你这句话给我的鼓励，比任何称赞和恭维还大。"詹天佑带着欣喜的神气说。

中国人自行修筑的第一条重要铁路，浸透着詹天佑无数心血的京张铁路终于建成通车了。它大大提高了中国人自办铁路的信心，沉重地打击了外国帝国主义的嚣张气焰，为中国的科学技术人员树立了荣誉。

京张铁路建成后，詹天佑的名字也随之誉满中外。为嘉奖詹天佑的功绩，就在京张铁路建成通车的当年，

清政府提升詹天佑为邮传部候补丞参，加二品衔。同年，詹天佑被选为美国土木工程师学会会员，英国皇家工商技艺学会会员。1910年1月，清政府又授予詹天佑为工科进士第一名，相当于工科状元。

京张铁路运营后效益显著，第二年（1910年）即盈利75 395元，第三年（1911年）盈利增至506 794元。1912年，京张铁路年客运量达48万余人次，货运量达70多万吨。时人称誉"此路交通，朝发夕至，昔之驼运货物，皆为铁路所揽矣"。

京张铁路建成通车，使长城以北的煤炭、矿石、牲畜、毛皮和当地土特产品源源运入关内，而内地的棉布、砖茶、煤油、纸张及各种生活日用产品也远销西北各省区，结束了依靠驼运的落后状况，大大加快了我国西北地区及边塞经济的发展和文化的进步。

詹天佑不仅高速优质地修筑了京张铁路，还主持修订了京张铁路行车、养路、机车、巡警、电报等规则，为中国铁路建立起近代化管理规程。从1908年起，詹天佑就主持制定了一整套行车规章，为全线通车营业做好准备。这些行车规章包括《行车规则》《调动车辆规则》《路签规则》《号志规则》等。针对关沟段坡陡弯多、长城以北风沙大行车艰难等特殊困难，詹天佑还主持制定了《南口至康庄行车特别规则》等，严格执行，确保行车安全。

对于詹天佑来说，京张铁路最重要的不是使他个人名誉中外，而是这条铁路使整个中国铁路技术的水平提高了，整个中国铁路工程界的地位提高了，中国人在世界上挺起胸膛了，这才是真正让他感到欣慰的。

京张铁路纪念碑

培育科技人才

詹天佑一生中还特别注重致力学术和培养人才，他从来不是只关心工程建设的高级工匠。早在美国耶鲁大学留学的时候，他就利用一切机会到美国各地去考察，获得各种数据。同时结合课堂学习的理论，加上课余阅读的大量文献，扎扎实实地撰写学术论文。他的毕业暨学士学位论文《码头起重机的研究》就是这样撰写出来的。

回国后尽管经过了用非所学的八年，在严复的劝告下他也没有中断业务学习和学术研究，因而与铁路建设有关的学识才干一直没有受影响，这也是他复归业务从事津塘铁路建设伊始即迅速崭露头角的重要原因，更是他在京张铁路建筑中取得世人瞩目的辉煌成就之基础。

投入到繁忙的铁路工程建设以后，詹天佑的大部分精力花在了项目设计和人员、经费的争取和规划安排方面，纯学术的研究少了。但从来没有中断与工程有关的研究，前面提到的列车自动挂钩——"詹天佑钩"成功的发明（一说成功的引进）即为一个很好的证明。没有对国际铁路机械研究前沿领域的随时关注是不可能完成的。1914年，当詹天佑接替交通部次长冯鼎元到汉粤川铁路担任督办"高官"的时候，他也没有停止改进铁路

1913年，詹天佑任"中华工程师学会"会长。

1917年，詹天佑任汉粤川铁路督办后，携全家从广州迁到汉口。这是詹天佑与子女在汉口的合影。

技术的研究。曾花了很多心血和费用，做过独轨铁路的研究，对独轨行驶脚踏式的火车，还做过公开的演讲，可惜由于事务繁忙，最终没有完成。

除了个人坚持科研外，詹天佑还注意培养一代科技人才。早在辛亥革命前的1905年，即光绪三十一年，清政府举行归国留学生考试。这是一次科举制度的改革。考试的科目不再是八股旧学，而是西方新学。按照各个留学生在外国所学的内容，考试外国语文和科学，根据考试成绩授予翰林院职衔及进士等"功名"。这次考试的主试官是时为清廷大员，后来做过民国国务总理的唐绍仪，詹天佑和严复分别担任副试官。对于这样的科考制度变革，詹天佑自然非常高兴，第二年十月在给诺索布夫人的信中还兴奋地谈起此事，认为"这在中国考试制度上开辟了新纪元"，"八股文的考试终于被废除了"，"这也是中国有史以来的创举"。实际上他这是在欢呼中国的人才培养目标和方向发生根本性转折的开始。

在詹天佑生活的时代，真正经过工科学校系统教育出来的铁路工程技术人员是很少的。所以詹天佑特别注重在工程实践中培养这方面的人才。例如在京张铁路施工过程中，他就制订了工程技术人员培养任用的制度。其中将工程技术人员一共分为五等，即工程练习生、工程毕业生、帮工程司（师）、副工程司（师）、正工程司（师）。凡未受工科系统教育而进入铁路工作的优秀青年派为工程练习生，一面在工地学习，一面给予基本工程教育，六年后成为工程毕业生，再按其品行资历授以帮工程司（师）、副工程司（师）等职。

詹天佑还非常重视科技人员的品行，他当时明文规定："凡堪以承充工程司（师）者，必须先品行而后学问。"正因为如此，詹天佑在自己职权所能管辖的范围内，在对被提升的工程技术人员进行品德方面的考核相当严格。他订出考核的四条标准是：洁己奉公，不辞劳怨；勤谨精细，恪守范围；志趋诚笃，无夹偏私；明体达用，善于调度。

此外，詹天佑还十分重视提拔有实践经验的、自学成才的人员担任基层领导工作。《交通史·路政篇》记载他规定："正副工段长不必其学堂出身，惟必须熟悉铁路一切工程，深有实地历练，于测量、绘图、英文、算学虽未具有根柢学问，而于铁路一切程式，实有心得。考其学课，无毕业专门之深知；迹其行事，有独当一面之才能，节取专长，用资奋勉。"

应当说，当时在中国系统的工程教育还没有大规模设置的时候，詹天佑提出这些培养工程技术人才的思想和制度，是很有远见的，也是难能可贵的。可以这样认为，当我们国内的大学还没有工科毕业生以前，我国早年的铁路建设人才，多数是由詹天佑培养出来的。

不仅如此，在长期的工作实践中，詹天佑认识到人才培养教育固然重要，但如何合理使用和保护好人才，

詹天佑任归国留学生考试官

詹天佑

特别是中国自己的人才同样很重要。基于这样的认识，他对当时司空见惯的歧视中国工程技术人员的言行特别敏感，随时随地在自己职权范围内予以制止和纠正。

1912年9月，詹天佑派出中国工程师随湘鄂段英籍工程师格林森出发，对湖南衡州至湖北宜章一段铁路进行复测。在规定工程师等级的时候，格林森习惯地将外国人和中国人分开来，而外国工程师又明显地高于中国工程师。詹天佑知道后坚决反对，并予驳斥。他坚持规定业务等级只论学问，不分国籍。最后，格林森没有办法，只得收回原议。

第二年，詹天佑担任汉粤川铁路会办的时候，按照四国银行团借款合同，德国人雷纳为总工程师。有一天雷纳写信给当时的铁路督办冯鼎元，任意夸大其词，说"中国工程师能力不能胜任"，要求将其全部撤换，另外雇佣德国工程师来取代。詹天佑知道以后，马上意识到这不仅仅是一般的任免工程技术人员的小事，而是关系到民族尊严的大事。因为此例一开，其他借款铁路便会纷纷效法，中国工程师将会陆续遭排挤。他当下也写了一封信交给冯鼎元，要冯无论如何不要答应。老于世故的冯鼎元不想直接开罪洋人，回

詹天佑主持修建粤汉铁路

詹天佑用的计算尺

詹天佑用的计算尺

信给雷纳说：这种事已授权会办詹天佑决定，要雷纳找詹天佑去解决。詹天佑先发制人，他将雷纳召到办公室，他们进行了如下的对话：

"雷纳先生，督办冯大人转来了您写给他的这封信。"在他们坐下后，詹天佑严肃而不失礼貌地问道："有些问题我还不太明白，请您来解释一下。"

"还有什么问题呢？"雷纳带着日耳曼人特有的傲慢地问。作为在铁路上工作多年的德国工程师，他自然知道詹天佑在铁路工程界的学识才干，但作为一个洋人，他对整个"东亚病夫"始终摆脱不了居高临下的优越感。

今天他的这种态度激怒了詹天佑。

"简单地说吧，"詹天佑掂了掂手中的信函，"这封信在文字上有没有错误呢？"

"什么？"雷纳简直不相信自己的耳朵，他没想到眼前这位平日不善言辞的中国会办竟然挑他信中的语病，在他看来几乎是天方夜谭。他立即不假思索地断言："绝无错误！"

"是吗？"詹天佑不紧不慢地问，"那么先生信中所谓'中国工程师能力不能够胜任'，指的是什么呢？"

"詹会办问的是这个？"雷纳愣了一下，似乎有点心虚，"就是说被派在汉宜段中有若干中国工程技术人员不能胜任他们所担负的工作。"

"可您信中说的可不是'若干'，而是指中国工程师能力不能够胜任。"詹天佑不让对方有任何狡辩的余地，立即将原信退还给雷纳，加重了语气说："两句话意思的区别，先生应该比谁都清楚。这封信写错了，必须重写。"

雷纳没有吭气，心里想这个中国会办太厉害了。引人入圈套，治得你猝不及防，没有任何抗辩的理由。真是应了中国一句古诗："寻常看不见，偶尔露峥嵘。"见他这样，詹天佑没有再进一步追逼，只是告诉他，今后如查清有中国工程师能力确实有不够标准的，自然可以撤换，另选够标准的来代替，也不能因为是中国人就姑息迁就。

"但是"，詹天佑随之稍稍提高了嗓音，"中国工程技术人员出缺，必须由中国工程技术人员补充。而且根据合同，即使聘用外籍人员，也必须聘请有经验、够标准，并仅以较高级人员为限，不能随便降低标准。"

一席话说得雷纳无言以对，日耳曼人特有的傲慢一扫而空，枯坐一阵后只得告退。

除了保护中国铁路建设人才不受歧视和压抑外，詹天佑还特别注意关心他们的生活疾苦。还在1906年，京张铁路初造之时，作为总工程师的他就在北京阜成门外设立了阜成门医院，为铁路职工及其家属治病。1910年阜成门医院改名为京张铁路医院，并在下花园、张家口、天镇及大同等处设立了分院。为广大铁路员工解除了后顾之忧，大受铁路界人士的好评，人们纷纷称赞这是詹总为下属操办的德

任命状

政。

同时，詹天佑对下属并不是一味迁就，他对青年工程技术人员要求之严格也是出了名的。还记得京张铁路勘测的时候，詹天佑以复查的方式为青年技术人员做示范的事。尽管如此做法会引来个别人的不满，但詹天佑认为这样严格要求是对的，坚持不懈，经过耐心解释，最终还是赢得了青年人的拥戴。1916年，詹天佑在武汉欧美同学会恳亲会上发表过一篇演说辞，其中流露出他对那些贪污腐化、颠倒黑白的官僚政客的深恶痛绝，并对那些官僚政客作了诙谐的讽刺。他呼吁中国工程师应当"各出所学，各尽所知，使国家富强，不受外侮，足以自立于地球之上"。他还写过《告青年工学家》一文，勉励青年要努力研究以求创造发明（"精研学术，以资发明"），他形象地比喻说：学术就像铜镜和钢铁一样，愈经磨炼愈加明亮和坚硬。"镜以淬而日明，钢以炼而益坚。凡诸学术，进境无穷；驾轻就熟，乃有发明。"他还告诫青年工程技术人员要谦虚、谨慎，不断学习。他列举了世界上许多卓有成就的青年科学家、工程家以后尖锐地指出：

反观乎我国工学界，则所发明者尚稀有所闻，岂智力不若欧美，而司梯芬生、瓦特、富兰克林、毛利之流，不能产生于中国耶？曰否，惟怠于深求，研究不足所致耳。青年学子，一出校门，辍辍学业，得一位置，已自满足。及至实地工作，亦唯求称职而已。至于退食之暇，尚发奋求学者实为少数。

詹天佑教导青年要加强修养，他说：不要刻意去迎合别人，也不要沽名钓誉。要以诚恳待人，不要总是以自我为中心，斤斤计较，不能做一点奉献。为了争权夺利而同室操戈，为了泄小愤而不惜伤害他人，这样的人永远不会有出息。"视公事如家事，以己心谅人心。皆我青年工学家所必守之道德也。"他劝告青年们要虚心地学习，要安心于细小的工作。行远路必须自眼前起步，登高山必须从低处开始。不能设想自己一夜之间就功成名就。他说：工程事业，必学术经验相辅而行，徒恃空谈，断难任事……勿袭高深之学说（好高骛远），勿以下位为鄙夷，勿方出校门，遽以为人不我若……力祛骄矜，以勤谨为方针，务求深造……若夫浮躁狂妄者流，未有不败者。

詹天佑的这些言论，充分说明了他在学术、业务、品行各方面对人才培养的严格要求，他绝不是那种以小恩小惠收买人心的政客。

最能体现詹天佑在致力学术、培养人才方面做出努力的是他创建了中华工程师学会。

中华工程师学会最初于民国元年（1912年）在广州

成立。开始时名为中华工程师会，主要由原籍广东的工程师组成。他们推选詹天佑为会长。同年稍前，因辛亥革命爆发，铁路工程暂时停工，聚集在上海的一些工程技术人员，已由曾经协助詹天佑经办京张铁路的颜德庆以及濮登青、吴健等，发起组织了中华工学会。由于这个学会对会员资格限制太严，未能普遍吸收广大的工程技术人员。其时又有工程师多人发起成立中华铁路路工同人共济会，广泛地吸收会员，以弥补此会的不足。

因这样性质相似的团体有三个，皆带有明显的地方色彩，各会的会员就产生了合并成立全国性团体的意愿。这一年夏天，詹天佑因公去上海，在他的倡议下，三会合并，正式定名为中华工程师会，所有三会的会员，不分等级，一律作为发起会员。新成立的中华工程师会设事务所于汉口，推选詹天佑为会长。1913年，袁世凯取得了独裁权力之后，为了巩固自己的统治，对一切人民团体均施以压力，迫令解散。中华工程师会自亦不能例外。为了保存这个团体，更好地进行学术和业务交流，詹天佑主持修改了中华工程师会章程，改名为中华工程师学会，公开表明它的纯学术性质，因而得以被批准继续存在。

在詹天佑的维护和主持之下，中华工程师学会获得了长足的发展，他们开展了各种各样的活动，在团结全国工程技术人员和推动科学事业方面，都起到了十分积极的作用。

该会并刊行有《中华工程师学会会报》，借以交流技术和工作经验，并出版发行了许多科技书籍。詹天佑编撰的我国第一部工程技术辞典《华英工学字汇》以及《京张铁路工程纪略》《京张铁路标准图》等著述，也是该会出版的，它们对于提高青年工程技术人员的业务水平无疑有着切实的益处。

1916年9月，在詹天佑的倡导和资助下，中华工程师学会由汉口迁至北京，在西单报子街购买了永久性的办公场所，詹天佑延请老同学，前粤汉铁路总工程师邝孙谋驻会帮助他主持会务。也就在这一年，为了表彰詹天佑的学识和功勋，香港大学特授予他名誉法学博士学位。詹天佑亲往香港接受这一荣誉。这是在该校获得此项荣誉的第一位中国人。

詹天佑塑像

鞠躬尽瘁为铁路

京张铁路建成后，詹天佑的技术更趋成熟了。1910年，他应聘回到故乡——广东，就任粤汉路总理。当时他尚在宜昌主持川汉线宜昌至万县工程，在宜昌开工后，才南下就职。

这样，詹天佑为祖国的铁路建设事业，经常辛勤跋涉于北京、宜昌、广州之间。1909年10月，京张铁路通车后，詹天佑全力筹划，主持勘定修筑张家口至绥远（今呼和浩特）铁路。

张绥铁路全长467公里，沿线矿产丰富，特别是途经的大同一带盛产煤炭，储量大，煤质优良，沙俄早对修筑该路怀觊觎之心。为维护我国铁路修筑权，1908年10月，詹天佑在打通八达岭隧道后，就超前谋划，派俞人凤工程司率队勘测由张家口经丰镇至绥远的路线。

张绥铁路比京张铁路长一倍多。勘测选择合理线路，是修筑铁路的先导。对张绥铁路的选线，詹天佑颇费周折。

从张家口到绥远，当时通行的大路有三条：北路出张家口，经兴化城，出口为上坝，坡度太陡，不适宜修铁路；中路由张家口至柴沟堡，经丰镇，出西门沟至绥远；南路由张家口至太师庄，经天镇、大同，越老爷坝，出杀虎口至绥远。俞人凤率勘测队经过比选，建议选择南路。

万里长城与京张铁路青龙桥站线路的交汇点

张家口至绥远铁路，以张家口至天镇为第一大段，逐段进行修筑。1909年10月京张铁路通车后，詹天佑马不停蹄，当月率领有关工程人员前往勘定张家口至天镇间首段路线。他们按俞人凤原选测的南路前进，即由张家口经太师庄，渡大羊河，循洪汤水沟，过怀安县，越枳儿岭，到达天镇。詹天佑发现，该线路沿途上下坡度陡，而且开山工程量大，需多建大桥，费工费时，路通之后行车也不够安全，因此又派张绥铁路副总工程司陈西林率队详细选测，另取一线。陈西林历时6个月，几经测选，取得另一方案。詹天佑仍不完全满意，他会同各工程人员，详细分析研究，反复比选，数易路径，初步形成一条比较合理而且省工的线路走向。

1910年3月，詹天佑再次按比选所形成的方案，实

詹天佑纪念馆

地查勘首段路线："由张家口站起，过通桥河，取道阎家屯，均系下坡，由此沿大羊河北岸绕行，势渐升高，直趋北沙城；渡大羊河、小羊河至柴沟堡；复沿南阳河北岸以达天镇。"詹天佑经查勘认为，此线上下坡度较小，中途尚间有平坦之处。虽有些地段需开山垫河，但可免去建造高长大桥，"非徒目前省费不少，抑且将来获益良多"，于是拍板进行复勘定测。

1911年初，詹天佑被邮传部派往广州出任广东粤汉铁路总理兼总工程司，他的老同学邝孙谋离粤路北上，接任张绥铁路总工程司。詹天佑虽然离开张绥铁路总工程司岗位，但他心系张绥铁路，仍积极支持与推进张绥

铁路修筑。1911年10月，张绥铁路修到大同。11月，张家口至山西境内的阳高段通车，长125.4公里。但由于武昌起义后英方停拨京奉铁路余利款项，致使工程中辍。

孙中山领导辛亥革命推翻腐朽的清王朝后，詹天佑一度对祖国铁路事业的发展充满了乐观的情绪。1912年4月中旬，孙中山在武昌各界民众露天大会上兴致勃勃地发表演讲，建议修造长江公铁两用大桥或凿通隧道，使武汉三镇连成一片。他大声疾呼，振兴中国唯一的出路是发展实业，而建筑铁路则是"发展中国财源第一要策"，"无铁路，转运无术，工商皆废"，呼吁从修建铁路入手，振兴中国。孙中山的演讲，在武汉三镇引起强烈反响。

1912年5月17日，孙中山专程来到广州，视察詹天佑所领导的广东粤汉铁路公司，詹天佑组织粤汉铁路公司的职工欢迎回到广州的孙中山。孙中山见到詹天佑后很高兴，他说：

"詹总工程师，修筑京张铁路是你的杰作吧，你真是中国不可多得的科学家呀！"

"总统先生过奖了，国家兴亡，匹夫有责，我所做的一切都是应该的。"

孙中山兴致勃勃地说："我有一个理想，要在民国建成十万英里铁路，到时，可要靠你喽！"

"总统先生放心，我一定会为实现这一宏伟理想而竭尽全力的。"

詹天佑对孙中山的传奇式革命经历早有所耳闻。见面后，他为孙中山激昂的革命热情所感染。詹天佑向孙

1912年5月17日，孙中山（前排中）视察粤路公司，与詹天佑（前右一）合照。

中山倾诉了自己20多年来筑路的艰难，并期望民国政府能帮助解决铁路修筑中的资金困难。

孙中山对比自己年长5岁的詹天佑矢志不渝为国筑路的精神十分敬佩，向詹天佑介绍了他关于加快中国铁路建设的构想和规划，听取詹天佑的意见，并热情邀请詹天佑一起参与铁路筹划工作。

在粤汉铁路公司举行的欢迎宴会上，孙中山即席演说，希望广东要联合湖南、湖北两省，尽快建成粤汉铁路。孙中山是个说干就干的人，他随即拟定致粤汉铁路三省股东的电文，由粤路公司通发各埠。电文称：

粤汉干路，关系民国建设前途甚大，且大利所在，并为振兴实业之首务，弟顷到商办粤路公司，提倡速收三期股款，联合湘、鄂，推广进行，国利民福，望速图之。

孙中山的指示和期望，激起了詹天佑积郁心中多年的使命感与责任感，他意识到自己不仅要加快广东境内粤汉路的修筑，还要联合湘、鄂两省，加快粤汉铁路全线修筑，早日建成这条重要的南北铁路大动脉。

按照孙中山的指示，詹天佑进一步加快粤汉铁路广东段的修建。黎洞至连江口线路途经3公里长的盲仔峡，

孙中山视察京张铁路合影

江面狭窄，上接悬崖峭壁，下临江流急湍，詹天佑经过勘测，主持开凿隧道两座，长200余米。1913年3月，黎洞至连江口线路竣工；5月，连江口至英德线路竣工；8月，自英德至沙口线路竣工。1914年，已担任汉粤川铁路督办的詹天佑正式辞去商办粤路公司总理兼总工程师职。

可惜不久，辛亥革命的果实被野心家袁世凯窃取，接着全国出现了军阀割据，内战不息的局面，孙中山和詹天佑发展中国铁路、建设富强中国的蓝图根本无法实现。

在这一时期，詹天佑还计划过修建武汉长江大桥，并且组织力量绘制了长江大桥的蓝图：这是一座并行八条铁路的大型钢结构桥梁，有两条人行道、两条马车道、两条电车道和两条火车道。这座大桥飞架大江南北，其精巧的结构，宏大的规模，雄伟的气势，同今天的武汉长江大桥很相似。只可惜在旧中国，詹天佑难展宏图，这张草图也变成了一纸空文。

1913年，詹天佑任民国政府交通部技监。他利用主持全国铁路技术工作的机会，积极支持与推进张绥铁路修筑，并在以后的几年中多次到张绥铁路了解工程进展，帮助解决修筑中难题。

1914年，詹天佑升为督办，负责广州——武汉——

成都的铁路修筑。早在清代末期，清政府为了决定统一
管理粤汉铁路，为了避免商人自行筹资兴办川粤汉铁路，
清政府向英、法、德、美四国银行借款六百万英镑并与
它们签订了合同，规定四川到宜昌一段用德国款和德国
工程师；宜昌到夔州段用美国款和美国总工程师。广东

107

一段因不在合同规定，所以由詹天佑主持修筑。辛亥革命后，仍然维持原来与四国银行的合同，这就使得詹天佑尽管是这条铁路的督办，但铁路的修筑不断受到帝国主义的干涉，詹天佑很难施展才能。

1915年，张绥铁路自张家口通车到大同，大同至丰镇段竣工。

从1909年至1919年为止，詹天佑一直在为建设汉粤川铁路而努力，并时刻注意维护祖国铁路事业的利益。他在任会办时即主张湘粤路接轨应在湖南省境内的宜章，是为了抵制列强渗透，保护商办的粤路。当德国总工程师雷纳为了德国商业利益，提出在川汉铁路干线广（四川广水）宜（湖北宜昌）段之外加修杨家泽至老河口的支线时，尽管广宜铁路局认为可以同意，詹天佑则立即敏感到其中的问题，从而坚决地予以驳回。不仅如此，詹天佑运用自己娴熟的学识，随时随地保障工程的进度和质量。例如，川汉路分为广水至宜昌与宜昌至夔州两段。广宜段原取道襄阳、荆门以达宜昌，计长1 100余里。后来詹天佑改为以汉口为起点，经应城、京山、安陆等处以达宜昌，全长700余里，较原线缩短了1/3。他并着重指出普通勘测是定路线的走势，而特别勘测，才是施工标准，反对以普通勘测定线的不负责态度。这就使得当时的工程技术人员明确了普通勘测和特别勘测的基本概念。尤其值得注意的是，詹天佑反对德国工程师伦多富关于成（成都）渝（重庆）铁路绕弯到泸州联络水运的意见，他认为泸州距离重庆西南200余里，距成都400余里，绕弯到泸州，费钱费时，很不合算。他计划的成渝铁路的路线，正是新中国成立后政府实现四川人民四十年愿望的成渝线的路线。

川汉铁路除武汉至长沙一段在詹天佑的努力下，提前修成后，至于他拟议修建的自汉口至皂市的汉宜路一段线路，因第一次世界大战的爆发，1917年8月，北洋政府加入协约国方面对德宣战，自此以后，德华银行款项冻结，汉宜段工程遂告停顿。由于武长段工程处处掣肘，变故迭出，詹天佑心力交瘁，终于积劳成疾，治了好久方始痊愈。他的健康是一天不如一天了。

詹天佑的工作态度，用他自己的话说是"得寸进尺，惟力是视"。对于重大原则问题坚持到底，决不让步。其所以未能干出如京张铁路那样的辉煌成就，是因为铁路建设事业和经济发展一样，成就显著与否，和国内外大环境有着密切的关系。有时的确不是某个人的主观愿望所能决定的。然而尽管如此，詹天佑仍为祖国中南部的铁路建设事业打下了坚实的基础，他的一些未能实现的设想也为后世铁路建设者们提供了有益的启发。

巨星陨落

　　1914年，第一次世界大战爆发，以英、法为首的协约国和德、奥为首的同盟国两大帝国主义阵营为争夺世界霸权展开了殊死搏斗。中国北洋军阀政府先是表示"中立"，在战争后期又参加到协约国方面作战。1917年，俄国十月革命成功，建成了世界上第一个社会主义国家。苏维埃政权的存在，使欧美帝国主义国家深感不安。加上列宁领导的苏俄政府曾于革命后与德国签订了《布列斯特条约》，从而退出了协约国阵营。所以在大战结束后，英、法、日以及后来也参加协约国阵营作战的美国决定对俄国实行武装干涉。

　　1919年1月，上述帝国主义国家借口所谓"俄国自1917年后没有正式的政府"，图谋组成特别委员会监管西伯利亚铁路及中东铁路。这就使问题复杂化了，因为所谓"中东铁路"在中国境内就是关外铁路，监管中东铁路直接触及了中国的主权。软弱的北洋政府终以国际形势复杂而妥协，于1919年2月20日表态承认共同监管办法，并派驻俄公使刘镜人为中方监管委员。

詹天佑则被北洋政府任命为技术部的中国委员，他当时除了担任汉粤川铁路督办兼总工程师以外，还兼着交通部的技术监督的职务。不管从什么角度考虑，代表中国参加这样的会议更是非他莫属了。

然而，詹天佑本人却极不情愿参加这样的会议。在当时担任北洋政府交通总长的曹汝霖将这个意图告诉他的时候，詹天佑当即予以推辞，称自己不适合担负这样重要的工作。他不想与会的原因恰恰基于自己拙于外交，

交通部表彰詹天佑的奖状

詹天佑故居

以及身体欠佳等缘故。早在三年前，他就曾因为武（昌）
长（沙）段铁路的奔忙而积劳成疾，身体随之垮了下来。
去年又感染上了阿米巴性痢疾，即民间的所谓"赤痢"，
虽然花了很长时间治好，却已是元气大伤，目前詹天佑
的身体可以说是一天不如一天，很难再适应东北的严寒
气候。在此之前，由于长期独自支撑家务，妻子谭氏已
先他患病身故，儿女们都反对他在这种情况下接受任命
到海参崴去。

　　尽管如此，北洋政府关于詹天佑作为协约国监管西
伯利亚铁路委员会技术部中国委员的正式任命还是下达
了。2月21日，交通总长曹汝霖召见詹天佑，通知他尽
快成行。詹天佑坚决请辞而不获批准。

詹天佑只得说服了家人，抱病前往赴会了。临行之前，詹天佑预感到将要面临的是一项艰巨的任务，自己的身体很可能最终顶不住。同时他也估计到这个会议中所要讨论的问题，和争中国的权益问题，不是短时间内就能够解决的。所以向交通部要求偕他的老部属兼好友——工程师颜德庆、俞人凤等同行，以备万一自己身体支持不住的时候，不致影响会议的进展。当然，

人字形铁路青龙桥车站

詹天佑自己恐怕也不会想到：这一去，竟成了他为铁路、为国事的最后一次操劳了。

1919年2月27日，詹天佑乘火车经由他亲自主持修建的关内外铁路赴海参崴。海参崴，今称符拉迪沃斯托克，在俄罗斯境内，是俄罗斯太平洋沿岸最大海港和城市，西伯利亚铁路的终点。原为中国领土，19世纪后期被沙皇俄国以武力强行从清政府手中割去。协约国监管西伯利亚铁路委员会即设在这里。

詹天佑到达后，不顾旅途的疲劳，立即拜会了驻俄公使、委员会中国监管委员刘镜人，听取指示并了解一下此前这里的情况，又与技术部美国部长斯梯文斯等人进行了会晤。有趣的是，这位斯梯文斯先生以前虽然和詹天佑没有会过面，但却已知道他曾留学美国，是耶鲁大学土木工程系的高材生，多年来主持京张铁路等工程建设，硕果累累，可谓盛名在外。抛开公事不谈，詹天佑和他相处倒是颇为融洽。

1919年3月5日，协约国监管西伯利亚铁路委员会在海参崴正式开会。在会议期间，詹天佑作出种种努力，想为中国争回中东铁路的驻兵权和管理权。他代表中国再次义正词严地声明：中东铁路原是中俄合办，中国又是大战的参战国之一，而且有保持该路秩序的能力，中东铁路应由中国人管理，不需要协约国监管委员会来监

出席远东会议时的詹天佑

詹天佑塑像

督。但是，由于列强各国的反对，加之北洋军阀政府的腐败无能，面对弱肉强食的国际政治大环境，詹天佑的努力同样得不到应有的结果。最终只争得了中国工程师可以被中东铁路雇佣这一点权利。

　　由于海参崴自然条件太差，加之中东铁路本身就在中国境内，所以会议后期，地点改在哈尔滨举行。此时正是隆冬季节，气候非常寒冷，海参崴和哈尔滨的气温一般在零下四十至五十摄氏度左右，詹天佑本来健康状况就不好，自然更难适应这种寒冷的气候。即使后来移到哈尔滨，情况也好不了多少。除此而外，开这种会本身也是一件令人劳顿的事。在前后两个多月的时间里，詹天佑终日看资料、做方案、写发言稿。由于疲劳过度，又加上气候严寒饮食不调，他的身体消瘦得很厉害。同时又经常失眠，有时整夜不能入睡，食欲不振，身体抵抗力急剧下降，终于导致旧病复发，而且日趋严重。在

詹天佑故居

实在坚持不了的情况下，詹天佑只好向刘镜人说明情况，并向交通部打报告请求回内地治疗，同时将有关事项向随同来的颜德庆、俞人凤等人作了交代，希望他们尽快地将自己的工作顶起来。

"看来这一次我是不能坚持到底了。"一脸病容，神色憔悴的詹天佑苦笑着对老部属们说，"诸位好自为之吧！"

望着詹天佑那一下子变得苍老许多的瘦削的面容，颜德庆和俞人凤的眼睛湿润了。他们自从修筑京张铁路时跟随詹总搞勘察搞设计，这么多年以来，从没有见到詹总有不能坚持的时候。现在听到如此话语，可见詹总病势之沉重。他们强忍着内心的痛苦安慰老上级："吉人自有天相！詹总，没事的。您就放心地回去调养吧。争取早日康复，早日回来还领着我们干。"

詹天佑摇了摇头，他最清楚自己的身体，感到很累很累，需要彻底的休息。说实在的，对于还能不能回来继续参加这里的会议，他内心一点把握都没有。但为了怕影响大家的情绪，他没有深入谈自己的病情，而是将有关材料详详细细地向他们解说，并细致交代工作方式：

"诸位这阶段多辛苦一点，技术业务方面盯紧，该争的一定要争。尽力而为，别让国家吃大亏。"

停了一下，他又叮嘱一句："当然，话不妨说得策略一点，学一点外交语言。这方面多向刘大人请示。人家是外交家，许多事情比咱们懂得多。"

1919年4月15日，詹天佑在接到交通部批准他回内地治病的通知后，即告别了朝夕相处的部属和朋友，告别了刘镜人公使，当然，他也没有忘记去和出席会议的各国同事以及斯梯文斯等人道别，在众人的善意祝福声中登上了南下的列车。20日，詹天佑乘车回到了汉口。

在此之前，汉粤川铁路总公所及湘鄂铁路局都已得到了詹天佑在哈尔滨开会期间患病即将南返的消息。当詹天佑乘坐的列车进站后，除了在汉口的次子文琮以外，汉粤川铁路会办周炳蔚和詹天佑的老友吴希曾等数十名同人也来迎接他，大家纷纷提出派人照顾他的身体，但

都被詹天佑谢绝了。

詹天佑刚一回家就联系附近的仁济医院，他知道自己这一次患病非同寻常，必须尽早住院治疗。仁济医院是一家教会慈善医院，在汉口还颇有名气，当晚詹天佑就住进了仁济医院的高级病房。

一年前折磨过詹天佑的阿米巴性痢疾，这一次又发作了。这种病的最大特征就是要命的拉稀，并且夹带脓血，所以又称"赤痢"。这种病今天听起来不足为奇，起码不像癌症那样令人恐惧。因为医学界早就有了根治的办法，而且事实上在许多地方已经绝了迹，但在詹天佑生活的年代，这却是非常棘手的病症，很难有效地治疗，死亡率特别高。詹天佑一年以前患上这种病，经过医院多方组织力量，运用当时所能运用的最为先进的医疗手段进行救治，最终起死回生，原是极其偶然的事。这一次，海参崴和哈尔滨的恶劣气候，加上繁重的工作，极大地损害了詹天佑的健康，削弱了他原本勉强的身体抵抗力。可恶的"赤痢"再度肆虐，而这类复发症状自然加倍棘手，使得许多良医对此束手无策。詹天佑目前正是这种状况。尽管仁济医院从院长到普通医护人员都对身为汉粤川铁路督办的詹天佑尽心尽力，但始终难见好转，詹天佑的恶性下泻一直未能得以缓解，这也是他的状况一天不如一天的重要原因。

詹天佑的病情引起了多方的关注。汉粤川铁路总公所及湘鄂铁路局乃至北京交通部同人为此到处奔波，仁济医院也联系聘请了许多名医来会诊，但终因病势严重，医生回天乏术，只能眼睁睁看着一代著名的铁路工程师的身体日渐衰竭。

3日晚，詹天佑的病势加剧，语不成声，要用手在

被子上写字示意。当时在旁陪伴他的为二儿子文琮，以及他忠实的老友吴希曾。直到此时，詹天佑方对自己抵御这场疾病的能力失去了信心，詹天佑拿起笔来，蘸了墨，刚写一个字，手颤抖得厉害，墨汁滴在纸上。他只好放下笔，对儿子说："文琮，你把笔，我说什么，你记什么。"

就这样，詹天佑费力地口述了他临终前还关心的几件事，作为他的遗嘱，上书北洋政府总统徐世昌。遗嘱中说：

一、中华工程师学会，被举谬充会长，窃谓工程学会影响于中华实业至要且宏，兴国阜民，悉基于此。将来仍恳钧座不弃菲葑，眷怀葵藿，俾有以振奋而发扬之。

二、管理俄路一役代表之职，亟宜慎选通才。其甄用技术人员，尤应精求上驷，并设法优加鼓励，以其与协约国各员骈骐而镳扬，庶足外扬国光，内吐口实。其详细理由，天佑已呈之交通部，钧座倘采及刍荛，实于东事裨益匪细。

三、汉粤川路事，往年曾有就款计工之条陈，盖来款既艰，不得不先筹脚踏实地之策，所幸武昌长沙一路，业已通道开车，得寸进尺，惟力是视。第衡郴以上，限于款涸，猝难企图，近者银行团之英法美三国，要求取消德人权利，允再接济工需，正宜趁此机会，速定计划，以促进行。否则中道而止，坐视大利之抛荒，绾毂中枢，终成隔绝，商政国计，均非所宜，尚冀钧座加意垂注。

天佑毕生致力于工学，仅就本职范围而言。以上三端，钧座倘赐之采纳，得尽天佑未了之血忱，则天佑虽死之日，犹生之年。

詹天佑

口授完遗书，詹天佑已是精疲力竭，随即昏迷不醒。吴希曾强抑悲痛，将遗书转呈北京政府。

24日晨，詹天佑的病势加剧，哮喘汗流，气息微弱。文耀、蕙颜以及邝孙谋等亲属朋友陆续赶到。医生也全力以赴地进行了诊治，终因病情恶化，抢救无效。24日下午三时半，中国近代最杰出的铁路工程师詹天佑在汉口与世长辞，享年仅五十八周岁。

詹天佑逝世的不幸消息，震动了社会各界乃至国际舆论。美国驻华特命全权公使芮恩施专门发来唁电，其中这样称道：

吾人对于詹博士的噩耗感到无比惊愕。詹博士对建设中国铁路卓越的贡献和高超的人格，全体美国人都给予最高的敬仰。

协约国监管西伯利亚铁路委员会技术部部长斯梯文斯得知詹天佑因病逝世的消息后心情也很沉重。他们之间地位不同，所负的使命也不同，追求的利益更不同，在两个多月的会议中，有过不少分歧甚至争执，但斯梯文斯对于詹天佑的学识才干一直是很钦佩的。他在致北京政府和詹天佑家属的唁电中也说：

本人与詹博士见面前，久仰其名。在协约国监管委员会短暂共事期间，他对事件的敏捷分析及周详考虑，给予本人以极深的印象。他虽然沉默坚毅，却是果断的。

我们都非常尊重他的意见。大家都看到，他对铁路工程有高深的造诣，他的判断是非常有说服力的。尤其重要的是，他是一位君子，与他共事，深感愉快。他的去世，

詹天佑纪念馆记

是吾等同人的损失，更是中国的一大损失。

中华工程师学会、汉粤川铁路总公所及湘鄂铁路局同人以及詹天佑的留美同学，都以不同的方式表达了震惊和哀悼之意。

24日下午，詹天佑的遗体自仁济医院运回詹宅入殓。

出殡前一天，武汉各界举行公祭，为祖国失掉一位优秀的科学家，为19世纪20世纪之交的中国科技巨星陨落而惋惜。

正式出殡定在5月14日。这一天清晨，乌云密布，天幕低垂。自詹宅到汉阳的广东山庄路上，白幡招展，哀乐呜咽。在詹天佑子女等人的护送下，詹天佑的灵柩缓缓地被移出了宅门。武汉各界都派代表参加送丧的行列，吴希曾、邝孙谋等朋友和同窗亲为执绋。当天下午，灵柩暂厝于广东山庄，等适当时候运往北京正式安葬。这也是遵照詹天佑的遗愿，他死在汉粤川铁路建设的岗位上，而最终愿望却是长眠在北京。那里紧靠他洒过辛勤汗水创建事业辉煌的京张铁路，还有中途被迫搁置的京绥铁路，他要永久地守在那里。两年后，也就是1921年，文耀、文琮等人将他们父亲的灵柩护送到北京，葬于北京西郊海淀南小南庄村（又称万泉庄，在今中国人民大学附近），实现了詹天佑的最终心愿。从此，这一伟大的铁路工程师，即长眠于此了。

　　詹天佑是我国最早的、杰出的铁道工程师，被誉为"中国铁路之父"。他为祖国铁路事业贡献了毕生的精力。凡经他筹划的铁路，如沪嘉、洛潼、津卢、锦州、萍醴、西陵、潮汕、粤汉、京张等线，无不成绩灿然。其中京张铁路工程，不仅被当时欧美工程师视为奇迹，就是在现在也还是世界上有名的铁路工程之一。因此，他逝世以后，人们为了纪念他，特在京张铁路青龙桥车站设置了詹天佑铜像。铜像的面貌是那么严肃、沉静，充分表现出他刚毅和自信的个性。詹天佑在我国铁路史上写上了光辉的一页。他是中国人民的光荣和骄傲，也是中国一切爱国科学家的光荣和骄傲！

詹天佑墓地

中华 爱国 人物故事
ZHONGHUA AIGUO RENWU GUSHI